les recettes sont de Jean-Philippe **WALSER**.

Les textes ont été rédigés par Aurélie **GODIN**.

Les photographies, la préparation et le stylisme sont de SAEP/Jean-Luc **SYREN** et Valérie **WALTER**.

La mise en page et le graphisme sont d'Élisabeth **CHARDIN**.

La coordination a été assurée par SAEP/Éric **ZIPPER**.

Composition et photogravure : SAEP/Arts Graphiques.

Impression : Union Européenne.

CONCEPTION : SAEP CRÉATION - 68040 INGERSHEIM - COLMAR

CHOCOLAT Ô CHOCOLAT

Dormonval

INTRODUCTION

Je voudrais commencer cet ouvrage en adressant quelques remerciements, aux Olmèques, aux Mayas, aux Toltèques et aux Aztèques, à ces hommes des tribus indiennes d'Amérique latine qui ont eu l'inspiration divine de transformer les fèves de cacao en sublime chocolat ; je ne pourrai jamais assez leur exprimer ma gratitude.

Je n'ose même pas imaginer une seconde ce que seraient aujourd'hui nos vies sans leur découverte (et aussi sans Christophe Colomb, qui a eu l'idée géniale de rapporter ces fèves dans nos contrées). Oh, c'est sûr, elles seraient bien ternes, bien tristes, nos vies, sans chocolat chaud pour nous réchauffer l'hiver, sans gâteau au chocolat pour nos anniversaires, sans cloche ni lapin en chocolat pour Pâques ni même de truffes à Noël. Un véritable cauchemar !

Heureusement, le chocolat existe bel et bien. Voluptueux, sensuel, puissant, gourmand, irrésistible. Et, moi, j'en suis folle. Folle à tel point qu'à travers cent recettes j'ai voulu lui rendre un hommage à la hauteur de sa grandeur.

CHOCOLAT Ô CHOCOLAT, EN ÉCLAIR, EN CONFITURE,
EN CRÈME BRÛLÉE, EN MADELEINE, EN ESPUMA,
EN CHEESECAKE OU ENCORE EN PANNACOTTA,
PAS UN JOUR JE NE SAURAIS ME PASSER DE TOI !

COURS THÉORIQUE SUR LE CHOCOLAT

PARCE QU'IL FAUT AVOIR DES BASES SOLIDES AVANT DE SE LANCER DANS LA LECTURE DE CET OUVRAGE HAUTEMENT ÉRUDIT (!), JE TIENS À REVENIR AVEC VOUS SUR QUELQUES NOTIONS INDISPENSABLES.
JE RÉCLAME TOUTE VOTRE ATTENTION CAR IL N'EST PAS IMPOSSIBLE QUE, D'ICI QUELQUES PAGES, VOUS AYEZ DROIT À UNE PETITE INTERROGATION SURPRISE !

QU'EST-CE QUE LE CHOCOLAT NOIR ?

Il s'agit d'un mélange de cacao et de sucre. La réglementation européenne impose un pourcentage minimal de 34 % de cacao. Bien sûr, plus le pourcentage de cacao augmente – donc plus le pourcentage de sucre diminue – et plus le chocolat devient amer.
Avertissement : les chocolats à plus de 75 % de cacao sont, me semble-t-il, réservés à des palais initiés qui sauront en apprécier toute la complexité, la puissance et l'amertume sans grimacer ni plisser les yeux de façon quelque peu puérile.

QU'EST-CE QUE LE CHOCOLAT AU LAIT ?

Il s'agit de chocolat noir auquel on ajoute du lait en poudre. Sachant que le chocolat noir est constitué de cacao et de sucre (cf. paragraphe ci-dessus), donc, le chocolat au lait est un mélange de cacao, de sucre et de lait en poudre. Là encore, la terrible réglementation européenne impose ses sévères critères. Ainsi, n'est considéré comme chocolat au lait qu'un chocolat dont la teneur en cacao est comprise entre 25 % et 45 %.
Au passage, notez que le chocolat au lait est à peine plus calorique que le chocolat noir (550 kcal/100 g en moyenne contre 520 kcal/100 g pour le chocolat noir), le premier étant moins gras mais plus sucré que le second ; libre à vous de faire votre choix.

QU'EST-CE QUE LE CHOCOLAT BLANC ?

Ce n'est pas à proprement parler du chocolat, comme se plaisent à le préciser les puristes, mais c'est plutôt une confiserie produite à partir de beurre de cacao. À ce beurre de cacao (au minimum 20 %), on ajoute du lait en poudre (au minimum 14 %) et du sucre. Chocolat ou confiserie, peu importe, le chocolat blanc, c'est tout de même drôlement bon et cela nous fait retomber directement en enfance (rappelez-vous ce mignon petit dauphin...), c'est pourquoi on l'aime autant que les deux autres !

QU'EST-CE QUE LE CHOCOLAT DE COUVERTURE ?

On retrouve ce terme dans certaines recettes et, finalement, on ne sait jamais vraiment ce que cela signifie. Explication : il s'agit du chocolat utilisé par les professionnels, un chocolat de très bonne qualité qui peut être noir ou au lait. Sa particularité réside dans le fait qu'il contient au moins 32 % de beurre de cacao. Voilà pourquoi, une fois fondu, il devient très fluide, autorisant ainsi un enrobage bien plus fin que ce que ne le permettrait un banal chocolat.

QU'EST-CE QUE LE BEURRE DE CACAO ?

Il s'agit de la matière grasse que l'on obtient par la pression des fèves de cacao. C'est finalement la graisse naturelle du chocolat, qui lui confère cette forme solide qu'on lui connaît et en même temps cet incroyable fondant lorsqu'on le met dans sa bouche.

Notez que, depuis 2003, la réglementation européenne autorise les industriels à substituer 5 % de ce beurre de cacao, assez onéreux, par d'autres matières grasses végétales. Les puristes seront rassurés par des chocolats portant l'appellation « pur beurre de cacao » ou « 100 % beurre de cacao ».
Le cours sur le chocolat prend fin. Si vous souhaitez poser des questions, passez donc à mon bureau à la fin de l'heure !

PETIT POINT SUR LES GRANDS CRUS

ON POURRAIT CROIRE QUE JE VAIS PARLER DE VIN. POURTANT, NON, NOUS SOMMES DANS UN LIVRE QUI TRAITE DU CHOCOLAT, ET JE N'AI PAS L'INTENTION DE CHANGER DE SUJET. CELA DIT, ON NE PEUT PASSER À CÔTÉ DE CETTE ANALOGIE : COMME IL N'Y A PAS QU'UN VIN, IL N'Y A PAS QU'UN CACAO. COMME LE VIN EST DIFFÉRENT SELON LES RÉGIONS OÙ ON LE PRODUIT, LE CACAO EST DIFFÉRENT SELON LES ENDROITS OÙ ON LE CULTIVE. IL EXISTE AINSI TROIS GRANDES VARIÉTÉS DE CACAO – QUE L'ON APPELLE DONC DES GRANDS CRUS– QUI, GUSTATIVEMENT PARLANT, SONT TRÈS ÉLOIGNÉES LES UNES DES AUTRES.

LE FORESTARO

C'est la variété la plus courante, qui représente presque 75 % de la production mondiale. Ce cacao originaire d'Amazonie est cultivé au Brésil, en Équateur, en Amérique centrale, dans le nord de l'Amérique du Sud et dans l'Ouest africain, rien que ça messieurs-dames, à qui le dites-vous ?!

Sa particularité, d'un point de vue gustatif, c'est son amertume puissante mais toutefois courte en bouche.

LE CRIOLLO

Contrairement au Forestaro, le Criollo ne fait pas l'objet d'une grosse production mondiale (environ 5 %). Ce cacao rare est originaire du Venezuela et on le cultive notamment au Mexique et en Amérique centrale, aux Antilles et en Colombie. Et comme, décidément, il ne veut rien faire comme le Forestaro, il est long en bouche et pas amer pour un sou. Non, il serait même plutôt du genre chaleureux.

LE TRINITARIO

Histoire de faire tampon entre les deux cacaos diamétralement opposés susdits, terminons par le Trinitario, qui n'est autre que le résultat très réussi de leur croisement, justement. Comme quoi les opposés s'attirent ! Il représente, lui, environ 20 % de la production mondiale et pousse à côté de son « père », le Criollo. Quant au goût, il est très apprécié pour sa finesse et sa richesse en matières grasses.

Avec tout cela, je ne saurais trop vous conseiller de vous mettre à chercher sans tarder un cours de dégustation de grands crus de chocolat. Histoire de savoir celui qui correspond le mieux à vos goûts et à vos attentes et que vous choisirez donc pour vos recettes… si toutefois vous décidez d'investir. Eh oui, qui dit grand cru dit gros sous ! Rassurez-vous, ces chocolats de grande qualité ne sont pas pour autant des produits de luxe complètement inabordables comme peut l'être le caviar. Cela dit, ne soyez pas surpris de les trouver à des prix cinq à dix fois plus élevés que les chocolats de grande surface.

DES RECETTES

TRÈS TRÈS CHOCOLAT,

TRÈS GOURMANDES,

RÉGRESSIVES ET/OU LUDIQUES,

À MANGER SEUL

OU À PLUSIEURS.

ME FAUT MA DOSE !

ME FAUT MA DOSE !

« BONJOUR, JE M'APPELLE AURÉLIE ET JE SUIS ACCRO AU CHOCOLAT. »

Si les CA (Chocoholic Anonymes) existaient, je m'y inscrirais sans tarder ! C'est vrai, il ne se passe pas un jour sans que je n'engloutisse du chocolat. Que dis-je ? Il ne se passe pas un repas, plutôt ! Petit-déjeuner, collation de onze heures, déjeuner, goûter, dîner (et grignotage devant la télévision, mais que cela reste entre nous !), je ne peux pas lutter, je ne parviens pas à me passer de Chocolat. Oui, Chocolat avec un grand C, parce que ce n'est pas un banal produit de consommation et que, lorsqu'on arrive à déclencher de telles passions, on mérite la majuscule. Bref, le chocolat m'a trouvée – ou l'inverse ! – et, à cette heure, je fais face à ce terrible constat : je suis gravement dépendante.

Non mais je n'y suis pour rien, moi ! Ce n'est tout de même pas ma faute si le chocolat, qu'il soit noir à 70 % ou riche et blanc, sait fondre avec tant de gourmandise sur la langue. Ce n'est pas ma faute s'il se marie si bien à toutes les autres douceurs de la création (les fruits, le caramel, le pralin… et bien d'autres n'est-ce pas ?). Ce n'est pas ma faute non plus s'il contient de la sérotonine, une substance qui joue un rôle dans notre bien-être, et s'il est riche en magnésium, un fameux relaxant. Non, décidément, ce n'est pas ma faute si on n'a encore jamais trouvé mieux pour rendre en quelques secondes le sourire à une jeune femme tristounette.

Alors, pour peu que mon patron ajoute un dossier sur la pile qui manquait de s'effondrer sur mon bureau, que mon four me lâche deux jours après mon téléphone (et quatre jours après mon ordinateur) ou que mes amies me confirment que le jean slim est vraiment has been (alors que je viens juste d'en acheter enfin un), le tout un jour de grève des transports en commun, là, il me faut vite mon remontant ! Me faut ma dose !

Aussi, dans les cas d'urgence, lorsque je suis au bord de la crise de nerfs, ce ne sont pas les recettes à picorer du bout des doigts dont j'ai besoin. Non. Je sors alors l'artillerie lourde : un saladier king size de mousse au chocolat, si gros qu'on pourrait y enfoncer son bras jusqu'au coude si on osait ; un brownie double, voire triple, au chocolat bien dense et outrageusement sucré ; un milk-shake chocolacté et chantillysé à boire à la paille. En d'autres termes, des recettes qui s'adressent directement à la petite fille gourmande qui sommeille en cette femme adulte et raisonnable que j'ai l'air d'être.

ET, SOUDAIN, LES PROBLÈMES DISPARAISSENT COMME PAR MAGIE, LE TEMPS S'ARRÊTE, LA VIE EST BELLE… IL N'Y A PAS À DIRE, IL EST FORT, CE CHOCOLAT !

J'ARRÊTE LA PÂTE À TARTINER, MON JOURNAL DE BORD

JE NE VOUS NARRERAI PAS LA TERRIBLE MÉSAVENTURE QUI M'A POUSSÉE À PRENDRE CETTE IRRÉMÉDIABLE DÉCISION, MAIS J'AI BEL ET BIEN DÉCIDÉ D'ARRÊTER DE ME GAVER DE PÂTE À TARTINER. AFIN DE M'AIDER DANS CETTE ÉPREUVE DES PLUS DIFFICILE, J'AI CONFIÉ À CE JOURNAL DE BORD MON RESSENTI AU JOUR LE JOUR.

JOUR 1

Le dernier pot de pâte à tartiner a été fini hier lors d'une soirée crêpes entre amis. C'était un peu la soirée d'adieu, celle où l'on prend la dernière cuillère de pâte à tartiner, que l'on savoure longuement car on sait qu'il n'y en aura pas d'autres avant un très long moment. Ce matin, je fais griller mes tartines. Hum, cela sent bon le pain chaud ! J'imagine déjà le bonheur d'étaler la pâte sur cette tartine chaude... Mais je réalise tout à coup que cette époque est révolue. Dur ! Pour la peine, je mange les trois quarts d'un pot de confiture de rhubarbe et, sur ma lancée, je finis le pot de gelée de groseille que Paulo gardait pour son petit-déjeuner.

JOUR 2

Je me lève, assez fébrile, je dois dire. Mon corps n'a pas l'air de supporter ce sevrage brutal, mes membres tremblent et mon esprit déraisonne. J'ai rêvé que mon appartement était un pot de pâte à tartiner géant. Le petit-déjeuner se passe non sans mal. Je décide de ne plus faire griller de pain pour ne pas avoir à faire face à la tentation. Il n'empêche que même la biscotte appelle à être enduite de pâte à tartiner ! Le pire est qu'en guise de représailles Paulo m'a confisqué la fin du pot de confiture de rhubarbe. Le coup de la gelée de groseille ne lui avait apparemment pas trop plu ! Bref, j'en suis réduite au miel, ce qui laisse augurer une humeur massacrante pour la journée.
En effet, à 19 h 30, au retour à la maison et à l'heure du bilan de la journée : j'ai mis le coursier qui m'a demandé comment j'allais au sol (des vieux restes de ma période aïkido), j'ai failli planter un crayon dans la main de ma collègue qui voulait m'emprunter mon blanco, et j'ai fait pleurer une petite fille dans le bus en racontant la terrible histoire de la méchante pâte à tartiner qui mange les enfants pas sages qui ne laissent pas leur place sur le strapontin aux grandes madames en plein sevrage. Hum, je ne suis pas très fière de moi !

JOUR 3

Je perds les pédales. Cette nuit, je suis sortie du lit et j'ai erré dans la cuisine pendant 20 bonnes minutes en quête de mon péché mignon. Paulo, inquiété par ce fracas nocturne, s'est levé pour voir ce qui se passait et m'a retrouvée prostrée devant l'étagère sur laquelle trônait autrefois le pot sacré. Il m'a recouchée et bordée. Je me lève, sans aucun souvenir de cet accès de somnambulisme, je l'avoue, mais en proie à d'étranges hallucinations. Je vois des pots de pâte à tartiner partout. J'essaie de dévisser la tête de Paulo. Il s'énerve. Je file dans la cuisine. Là, j'enfonce ma cuillère dans un vase et racle en vain les parois. Je me secoue, et j'opte pour l'option « bol de céréales ». Ça passe. En plus, cela a le mérite de me remettre les idées au clair, de me rendre toute ma lucidité. « Beurk, les flocons d'avoine, ce n'est pas top... surtout quand il n'y a plus de lait ! »

JOUR 3 BIS

Ce soir, je suis invitée. J'hésite à aller à cette soirée gaufres, qui est mon île de la tentation à moi. Les gaufres, je ne les ai en effet jamais mangées autrement qu'entièrement ensevelies sous 2 cm de pâte à tartiner. Je me décide, j'y vais.
Minuit, de retour à la maison, je constate que ce fut la plus dure soirée de toute ma vie. Je n'ai pas craqué mais j'ai perdu toute considération et toute estime auprès de mes amis, à qui je n'ai pas parlé de la soirée, trop occupée que j'étais à sniffer le pot de pâte à tartiner. Les ingrats, ils pourraient essayer de me comprendre, tout de même !

JOUR 4

Je lance un appel au secours à Paulo. Non, je ne sortirai pas de ce lit si je n'ai pas une crème chocolatée à étaler sur mon pain grillé. Je m'en fiche, je passerai un coup de fil à ma responsable en lui disant d'une voix toute faiblarde que je n'irai pas au travail aujourd'hui, car j'ai attrapé une affreuse grippe vénézuélienne. Paulo, patient, m'explique que, parfois, un peu d'aide ne peut faire de mal. Qu'il faudrait peut-être que je trouve un palliatif, une sorte de patch cacaotique qui m'aiderait à tenir le coup. Mais oui, c'est bien sûr ! Je sors du lit et je m'empare d'un pot de confiture de chocolat.

JOUR 5 ET SUIVANTS

La pâte à tartiner ? Pfft ! Je ne sais même plus quel goût cela peut bien avoir ! Non seulement cela ne me manque pas mais, en plus, je me demande bien comment j'ai pu être si accro à quelque chose d'aussi sucré et chimique. Non, moi, je ne mange plus que de la confiture de chocolat, au bon goût de vrai cacao, pas trop sucrée, et ce avec parcimonie, s'il vous plaît !

ET, DEPUIS, JE ME SENS VRAIMENT BIEN.

LA PSYCHOPATHE DU BROWNIE

TEL EST LE SURNOM QUE M'ONT DONNÉ MES AMIS. ET POUR CAUSE : JE SUIS INTRAITABLE ET PARTICULIÈREMENT DIFFICILE EN LA MATIÈRE, À TEL POINT QUE LE MALHEUREUX QUI SE RISQUERA À PARTAGER UNE PART DE BROWNIE AVEC MOI RISQUE D'EN ÊTRE DÉGOÛTÉ POUR UNE BONNE PARTIE DE SA VIE.

À mon goût jamais assez fondants, toujours trop secs ou souvent trop gras, les brownies que j'ai eu l'occasion de tester jusqu'à présent ont tous eu à subir ma critique acerbe. Non, à mon grand désespoir, je n'ai jamais pu trouver LE brownie tel que je l'attends, tel que je le vois en rêve. Je ne saurais même plus vous dire où j'ai dégusté celui qui a, à tout jamais, marqué mes attentes en la matière, celui qui m'empêche désormais de prendre du plaisir lorsque j'avale une bouchée de brownie lambda. Tout ce que je suis en mesure de vous dire, c'est qu'il m'a marquée de façon indélébile. Et, dès lors, à la simple évocation de ce mot plein de promesses gourmandes, ma mémoire gustative se met en branle, mes sens s'aiguisent et mon corps tout entier y croit : celui-là sera le bon.

Car j'ai de ce gâteau une image toute faite dans ma tête. Le simple fait d'en parler à l'heure actuelle m'en met le goût à la bouche. Une texture incroyablement fondante mais pour autant pas trop grasse, un goût bien chocolaté sans être trop sucré, voilà les critères fondamentaux qui guident ma vaine quête. Vaine car, vous en conviendrez, dans le domaine « browniesque » on voit tout et n'importe quoi. Chacun y va de sa recette prétendument parfaite, qui se révèle être la plupart du temps un gâteau compact au lointain goût de chocolat que l'on doit mâcher pendant de longues minutes si l'on veut avoir une chance de l'avaler (un verre d'eau ou de lait est conseillé pour faciliter la tâche et faire glisser la bouchée dans son gosier). Ou bien l'inverse : un gâteau trompeur qui a la couleur du chocolat mais qui n'est autre en réalité qu'un morceau géant de beurre, luisant de gras au point qu'il glisse entre vos doigts comme une savonnette. Celui-là, si vous vous risquez à le manger, vous vous en souviendrez plusieurs heures après, c'est sûr ! Pas pour son goût inoubliable mais pour sa faculté à plomber votre estomac pour l'après-midi.

Ma quête m'a conduite à en goûter des dizaines et des dizaines, des plus simples au plus alambiqués : truffés de noix de pécan, de pépites de chocolat noir ou au lait, de noix de coco, d'éclats de caramel ; et même de plus improbables, agrémentés de morceaux de banane ou de marshmallows… sans jamais trouver celui qui sait faire chavirer mon cœur et mettre mes papilles en émoi.

ET PUIS, UN JOUR, J'AI ENFIN TROUVÉ…

QUE LA VÉRITÉ SUR LE CHOCOLAT ÉCLATE AU GRAND JOUR !

MESDAMES ET MESSIEURS LES JURÉS, VOICI VENU MON PLAIDOYER EN FAVEUR DE L'ACCUSÉ, CHOCOLAT.

Que n'entendons-nous pas comme inepties et arguments infondés sur ce pauvre hère ? On lui reproche de donner la migraine, de l'acné, de l'embonpoint… et pourquoi pas de donner du poil au pied ? Billevesées ! Il est temps d'arrêter de croire ces légendes urbaines destinées à diaboliser le chocolat. Sans aucun doute, ces histoires à dormir debout ont-elles été inventées par un cruel scientifique qui haïssait si profondément sa voisine migraineuse, son ado acnéique et son boulanger replet qu'il souhaita les priver à tout jamais du plaisir suprême et de tous les bienfaits que procure la dégustation de chocolat en faisant courir ces bruits insensés. Preuves scientifiques à l'appui, je clame haut et fort devant vous aujourd'hui que le lien entre chocolat et migraine ne pourrait être potentiellement évoqué que si sa consommation quotidienne atteignait pour une personne au moins les 12 kilogrammes (oui, bien sûr, j'exagère !) ; que le chocolat donne autant l'acné que le fait de se limer les ongles un soir de pleine lune ; et que le chocolat ferait grossir uniquement dans le cadre d'un régime dissocié chocolat-ganache-praliné suivi avec assiduité pendant quatre semaines.

Et j'irai même plus loin : non seulement le chocolat ne nuit pas à la santé mais il se révèle même très bon pour la santé ! Parfaitement messieurs dames !
Pour vous le démontrer, je vais être dans l'obligation d'employer des termes barbares, mais n'ayez crainte, tout sera très clair.
Le chocolat est bon pour la santé car il contient des substances qui nous sont bénéfiques :
- de la théobromine, en d'autres termes un stimulateur cardiaque et du système nerveux ;
- de la phénylethylamine (aïe !), en gros un stimulant et un antidépresseur à la fois ;
- de la sérotonine, un fameux antistress ;
- de la caféine, bien connue pour ses effets tonifiants ;
- des anti-oxydants (notamment des tanins) qui aident à lutter contre le vieillissement prématuré et protègent des maladies cardiovasculaires.

Je n'évoque même pas le fait que le chocolat contient également des fibres, des sels minéraux indispensables (à commencer par le phosphore et le magnésium), cela ne servirait à rien. Car, au vu des substances susdites, on comprend déjà très bien que, finalement, manger du chocolat aide à devenir (ou à rester selon les cas) une personne débordant d'énergie, toujours de bonne humeur, détendue et sereine tout en étant alerte et dynamique, une personne éternellement jeune et, de surcroît, dotée d'un cœur en béton (et j'en fais à peine trop !).

DITES-MOI FRANCHEMENT ? AVEC TOUT ÇA, VOUS EN REPRENDREZ BIEN UNE PETITE CUILLÈRE DE MOUSSE AU CHOCOLAT, NON ?

CARAMELS AU CHOCOLAT AU BEURRE SALÉ

POUR 6 PERSONNES

Facile / Préparation : 45 min / Cuisson : 10 min

INGRÉDIENTS

- 90 g de chocolat à 70 % de cacao
- 15 cl de crème fraîche liquide
- 95 g de sirop de glucose
- 85 g de sucre en poudre
- 1 cuil. à soupe de miel
- 1 cuil. à soupe de beurre demi-sel.

Hacher le chocolat. Réserver.

Dans une casserole, porter à ébullition la crème, le sirop de glucose, le sucre et le miel. Cuire sans cesser de mélanger. Cuire l'ensemble à 114 °C (se munir d'un thermomètre pour contrôler la cuisson).
Ajouter progressivement le chocolat haché, sans interrompre la cuisson. Poursuivre la cuisson jusqu'à 119 °C.

Hors du feu, ajouter le beurre demi-sel. Mélanger. Couler dans un cadre.

Laisser refroidir. Couper des petits carrés de 2 cm de côté.

BOL CHAUD AU CHOCOLAT
ET À LA CANNELLE

BOL CHAUD AU CHOCOLAT ET À LA CANNELLE

POUR 4 PERSONNES

Très facile / Préparation : 25 min / Repos : 10 min

Cuisson : 15 min

INGRÉDIENTS

- 30 cl de lait
- 20 cl de crème fraîche liquide
- 2 bâtons de cannelle
- 1/2 gousse de vanille
- 1 cuil. à soupe de cassonade
- 130 g de chocolat noir à 64 % de cacao
- 30 g de chocolat au lait.

Chauffer le lait, la crème, les bâtons de cannelle concassés, la gousse de vanille et la cassonade puis laisser infuser 10 minutes.

Amener l'ensemble à ébullition puis verser sur les chocolats préalablement hachés. Mélanger vivement puis filtrer à l'aide d'une passoire. Servir chaud dans des bols.

ON PEUT MIXER LE CHOCOLAT CHAUD 1 MINUTE AFIN DE LE RENDRE PLUS ONCTUEUX ET TRÈS MOUSSEUX.

CHURROS AU CHOCOLAT ET À LA CANNELLE

POUR 4 PERSONNES

Très facile

Préparation : 35 min

Cuisson : 15 min

INGRÉDIENTS

- **1 cuil. à soupe de sucre en poudre**
- **Une pincée de cannelle en poudre**
- **180 g de farine**
- **1 cuil. à soupe de cacao en poudre**
- **Une pincée de sel.**

POUR L'ENROBAGE

- **300 g de sucre en poudre**
- **2 cuil. à soupe de cannelle en poudre.**

Dans une casserole, amener à ébullition 35 cl d'eau, le sel, le sucre et la cannelle en poudre. Hors du feu, ajouter la farine et la poudre de cacao. Bien mélanger l'ensemble afin d'obtenir une pâte homogène. Réserver.

Faire chauffer de l'huile pour friture à 180 °C environ.

Remplir une poche à douille cannelée de pâte à churros et dresser des petits boudins de 10 à 12 cm directement dans l'huile. Retourner les boudins régulièrement afin d'obtenir une belle couleur dorée. Les sortir de l'huile et les égoutter sur du papier absorbant. Les rouler ensuite dans un mélange de sucre en poudre et de cannelle.

Servir chaud.

POUR FACILITER LA DÉCOUPE DES PETITS BOUDINS, UTILISER UNE PAIRE DE CISEAUX.

COOKIES AUX PÉPITES DE CHOCOLAT ET AU NOUGAT

POUR 4 PERSONNES

Facile

Préparation : 15 min

Repos : 2 h

Cuisson : 20 min

INGRÉDIENTS

- 100 g de beurre
- 1 cuil. à soupe de sucre en poudre
- 70 g de vergeoise ou cassonade blonde
- 1 œuf
- 150 g de farine
- 1/4 de sachet de levure chimique
- 50 g de pépites de chocolat
- 20 g de nougat de Montélimar concassés
- Une pincée de sel.

Dans un saladier, travailler le beurre ramolli avec le sucre et la vergeoise blonde. Ajouter l'œuf. Mélanger à nouveau. Incorporer le sel, la farine et la levure chimique tamisées puis les pépites de chocolat, ainsi que les brisures de nougat.

Former un boudin de 6 cm de diamètre. Réserver 2 heures au froid.

Au cours du refroidissement, reformer le boudin. Détailler, au couteau, des disques de 1 cm d'épaisseur et les déposer sur une plaque préalablement beurrée et farinée.

Cuire au four pendant 15 minutes à 190 °C (th. 6-7).

ON PEUT REMPLACER LES BRISURES DE NOUGAT PAR DES NOISETTES CONCASSÉES.
EMBALLER LES COOKIES EN SACHET DÈS QU'ILS SONT FROIDS AFIN D'ÉVITER LA PERTE DU CROUSTILLANT ET LE RAMOLLISSEMENT DU NOUGAT.

GUIMAUVE AU CHOCOLAT

POUR 10 PERSONNES

Difficile

Préparation : 45 min

Cuisson : 10 min

INGRÉDIENTS

- **9 feuilles de gélatine**
- **350 g de sucre en poudre**
- **2 cuil. à soupe de miel**
- **50 g de sirop de glucose**
- **4 blancs d'œufs**
- **50 g de chocolat à 70 % de cacao**
- **50 g de cacao en poudre.**

Mettre la gélatine dans de l'eau froide pour qu'elle ramollisse. L'essorer et réserver.

Dans une casserole, cuire 12 cl d'eau, le sucre, 1 cuillerée à soupe de miel et le glucose à 135 °C. Dès que la température est atteinte, couper la cuisson et laisser reposer un instant. Incorporer la gélatine et mélanger. C'est un « sucre cuit ».

Pendant la cuisson du sucre cuit, dans un saladier, battre les blancs et le reste de miel à l'aide d'un batteur électrique (les blancs doivent être mousseux). Verser le sucre cuit sur les blancs et monter l'ensemble jusqu'à ce que la pâte devienne ferme et un peu mate. Faire fondre le chocolat en morceaux au bain-marie. Incorporer celui-ci à la préparation précédente. Mélanger l'ensemble afin de rendre la masse homogène.

Remplir une poche à douille lisse de pâte à guimauve. Sur une feuille de papier sulfurisé ou sur une feuille de silicone, former de fines bandes de guimauve. Saupoudrer de cacao en poudre. Laisser refroidir.

SAUCISSON AU CHOCOLAT ET AUX NOIX CARAMÉLISÉES, PAGE 24

FONDUE AU CHOCOLAT
ET AUX FRUITS FRAIS, PAGE 25

BROWNIES AU CHOCOLAT AUX TROIS PÉPITES

POUR 8 PERSONNES

Très facile / Préparation : 20 min / Cuisson : 20 min

INGRÉDIENTS

- 180 g de chocolat noir à 64 % de cacao
- 160 g de beurre • 3 œufs
- 150 g de sucre roux en poudre • 80 g de farine
- 4 cuil. à soupe de cacao en poudre
- 60 g de chocolat au lait • 40 g de chocolat blanc.

Hacher le chocolat noir. Le faire fondre avec le beurre au bain-marie.

Dans un saladier, battre vigoureusement les œufs et le sucre roux. Incorporer le chocolat noir et le beurre fondu. Mélanger. Ajouter la farine et le cacao en poudre préalablement tamisés, le chocolat au lait et le chocolat blanc hachés grossièrement. Mélanger délicatement.

Beurrer et fariner un moule carré. Répartir la pâte dans le moule. Cuire au four à 180 °C (th. 6) pendant 20 minutes. Sortir du four et laisser refroidir. Démouler et découper à sa convenance.

RECOUVRIR, AVEC DU FILM ALIMENTAIRE, LE BROWNIE LORSQU'IL EST ENCORE TIÈDE. IL RESTERA MOELLEUX PLUS LONGTEMPS.

BROWNIES
AU CHOCOLAT ET AU PRALIN

BROWNIES AU CHOCOLAT ET AU PRALIN

POUR 8 PERSONNES

Très facile / Préparation : 20 min / Cuisson : 20 min

INGRÉDIENTS

- 50 g d'amandes brutes • 50 g de noisettes émondées
- 170 g de chocolat noir à 64 % de cacao
- 170 g de beurre • 3 œufs • 100 g de sucre en poudre
- 10 cl de crème fraîche liquide
- 150 g de praliné amandes-noisettes • 100 g de farine.

Hacher les amandes et les noisettes grossièrement.
Les faire griller.

Hacher le chocolat. Faire fondre celui-ci avec le beurre au bain-marie.

Dans un saladier, battre les œufs et le sucre vigoureusement. Incorporer le chocolat et le beurre fondu. Mélanger. Ajouter la crème fraîche et le praliné. Mélanger.

Terminer en incorporant la farine, préalablement tamisée, les amandes et les noisettes grillées. Mélanger délicatement. Beurrer et fariner un moule carré, répartir la pâte dans le moule. Cuire au four à 180 °C (th. 6) pendant 20 minutes. Sortir du four et laisser refroidir. Démouler et découper en petits carrés.

ON PEUT SAUPOUDRER LE DESSUS DES BROWNIES DE NOISETTES CONCASSÉES AVANT CUISSON.

GAUFRES AU CHOCOLAT, CHANTILLY LACTÉE

POUR 6 PERSONNES

Très facile

Préparation : 20 min

Repos : 1 h 30 min

Cuisson : 35 min

PÂTE À GAUFRES

- 25 cl de lait
- 60 g de beurre
- 2 œufs
- 110 g de farine
- 1 cuil. à café de levure chimique
- 2 cuil. à soupe de cacao en poudre
- 1 cuil. à café de rhum
- 1 cuil. à soupe de sucre en poudre.

CRÈME CHANTILLY LACTÉE

- 20 cl de crème fraîche liquide
- 70 g de chocolat au lait.

Dans une casserole, faire tiédir le lait et ajouter le beurre.

Dans un bol, séparer les jaunes des blancs. Dans un saladier, mélanger les jaunes avec la farine, la levure et le cacao en poudre. Verser peu à peu le lait tiède et le rhum tout en délayant la pâte. Laisser reposer 1 heure.

Incorporer délicatement les blancs d'œufs et le sucre battus en neige. La pâte doit être lisse et homogène. Faire chauffer le gaufrier. Remplir le moule à ras des alvéoles. Cuire environ 3 à 5 minutes. Démouler et laisser refroidir.

Dans une casserole, faire bouillir la crème et la verser sur le chocolat préalablement haché. Mélanger et couvrir d'un film alimentaire. La mettre dans le congélateur pendant 30 minutes puis la monter en chantilly à l'aide d'un batteur électrique.

Finition : à l'aide d'une poche à douille cannelée, garnir harmonieusement les gaufres de chantilly lactée puis saupoudrer légèrement de cacao en poudre.

LA CUISSON PEUT VARIER SELON LES MODÈLES DE GAUFRIER. LA GAUFRE EST CUITE LORSQU'ELLE EST BIEN DORÉE ET SE DÉTACHE DU MOULE.

ÉCLAIRS AU CHOCOLAT AUX ÉCLATS DE NOUGATINE, FONDANT CARAMEL

POUR 12 PERSONNES

Difficile

Préparation : 1 h 30 min / Cuisson : 40 min

PÂTE À CHOUX

- 13 cl de lait
- 1 cuil. à café de sucre en poudre
- 110 g de beurre
- 140 g de farine
- 5 œufs
- Sucre glace
- Deux pincées de sel.

NOUGATINE

- 50 g de miel
- 3 cuil. à soupe de sucre en poudre
- 1 cuil. à café de beurre
- 45 g d'amandes effilées.

CRÈME PÂTISSIÈRE AU CHOCOLAT

- 50 cl de lait
- 4 jaunes d'œufs
- 100 g de sucre en poudre
- 2 cuil. à soupe de fécule
- 25 g de beurre
- 100 g de chocolat noir à 64 % de cacao.

LE FONDANT CARAMEL

- 300 g de fondant blanc
- Caramel liquide.

Dans une casserole, porter à ébullition le lait, le sucre, 12 cl d'eau, le sel et le beurre. Retirer la casserole du feu, incorporer la farine tamisée en une fois, mélanger vigoureusement avec une spatule pour empêcher la formation de grumeaux. Remettre sur le feu et remuer jusqu'à ce que la pâte se détache des parois de la casserole. Transvaser dans un saladier puis ajouter les œufs un à un tout en remuant avec une spatule.
On obtient une pâte souple et homogène.

À l'aide d'une poche à douille cannelée, dresser des boudins d'environ 12 cm de longueur. Veiller à les espacer régulièrement pour qu'ils ne se touchent pas lors de la cuisson. Saupoudrer légèrement de sucre glace. Cuire dans un four à 180 °C (th. 6) pendant 40 minutes. Sortir du four et laisser refroidir.

Dans une casserole, faire fondre 1 cuillerée à soupe d'eau et le miel. Ajouter le sucre, remuer à l'aide d'une spatule, laisser cuire jusqu'à l'obtention d'un caramel clair. Hors du feu, ajouter le beurre, mélanger et incorporer les amandes effilées. Verser la nougatine sur du papier sulfurisé. À l'aide d'un rouleau à pâtisserie, étaler celle-ci grossièrement, laisser refroidir à température ambiante. Après complet refroidissement, écraser modérément la nougatine à l'aide d'un rouleau à pâtisserie.
On doit retrouver des petits éclats de nougatine. Réserver.

Dans une casserole, faire bouillir le lait. Battre les jaunes d'œufs, le sucre, la fécule et verser le tout dans le lait. Cuire à feu doux jusqu'à ébullition. Poursuivre la cuisson 1 minute. Hors du feu, incorporer le beurre et le chocolat préalablement haché. Mélanger. La crème doit être parfaitement lisse et brillante. Verser la crème dans un saladier, couvrir d'un film alimentaire, laisser refroidir au réfrigérateur.

Garnissage : fouetter vivement la crème pâtissière au chocolat pour la rendre lisse. Incorporer les éclats de nougatine, mélanger. À l'aide d'un couteau-scie, couper les éclairs en deux, la partie arrière non coupée.
À l'aide d'une poche à douille lisse, garnir régulièrement de crème pâtissière au chocolat à la nougatine.

Dans une petite casserole, ramollir le fondant sur un petit feu. Verser du caramel liquide, mélanger à l'aide d'une spatule. Le fondant doit être souple et tiède (consistance qui ressemble à du miel). Tremper simplement le dessus de chaque éclair. Enlever l'excédent de fondant avec le doigt si nécessaire.

ON PEUT RÉGLER LA CONSISTANCE DU FONDANT EN AJOUTANT UN PEU DE SIROP DE SUCRE (SIROP DE SUCRE : AUTANT D'EAU QUE DE SUCRE).

TARTE AU CHOCOLAT ET À LA CONFITURE DE LAIT

POUR 8 PERSONNES

Facile

Préparation : 30 min / Repos : 3 h

Cuisson : 55 min

PÂTE SABLÉE

- 120 g de beurre
- 200 g de farine
- 80 g de sucre glace
- 1 cuil. à soupe de poudre d'amande
- Une pincée de levure chimique
- 1 œuf
- Une pincée de sel.

CONFITURE DE LAIT

- 1 feuille de gélatine
- 1 boîte de 400 g de lait concentré sucré.

GANACHE

- 20 cl de crème fraîche liquide
- 2 cuil. à soupe de miel
- 180 g de chocolat noir à 64 % de cacao
- 55 g de beurre.

DÉCOR

- Amandes effilées.

Dans un saladier, malaxer le beurre à la main, ajouter la farine, le sucre glace, la poudre d'amande, la levure chimique préalablement tamisés puis le sel. Mélanger afin d'obtenir une texture qui ressemble à du sable. Incorporer l'œuf préalablement battu. Mélanger : la pâte doit être lisse. Envelopper celle-ci dans un film alimentaire. Mettre au réfrigérateur 2 heures au minimum.

Étendre la pâte le plus rond possible à 3 mm d'épaisseur. Déposer délicatement la pâte dans un cercle ou un moule à tarte préalablement beurré. Placer une feuille de papier sulfurisé à l'intérieur du moule et remplir l'intérieur de haricots secs. Cuire au four à 160 °C (th. 5-6) pendant 20 minutes. Sortir du four, laisser refroidir. Ôter les haricots secs et la feuille de papier sulfurisé.

Tremper et laisser ramollir la gélatine dans l'eau froide. Égoutter. Réserver.

Faire un petit trou sur le couvercle de la boîte de lait concentré. Mettre celle-ci dans l'autocuiseur puis ajouter de l'eau jusqu'à la moitié de la boîte.

Cuire 30 minutes après la mise en pression. Ajouter la gélatine, mélanger.

À l'aide d'une cuillère, tapisser le fond de tarte de confiture de lait. Réserver.

Dans une casserole, faire bouillir la crème et le miel. Verser sur le chocolat noir préalablement haché. Mélanger délicatement, incorporer le beurre coupé en petits morceaux. Mélanger. Couler la ganache sur la confiture de lait. Mettre la tarte au réfrigérateur pendant 1 heure au minimum. Décorer celle-ci d'amandes effilées préalablement grillées.

ON PEUT ACHETER LA CONFITURE DE LAIT TOUTE FAITE.

REINE DE SABA

POUR 10 PERSONNES

Très facile / Préparation : 20 min / Cuisson : 20 min

INGRÉDIENTS

- 105 g de beurre
- 120 g de chocolat noir à 70 % de cacao
- 140 g de sucre glace
- 140 g de poudre d'amande
- 30 g de farine
- 3 blancs d'œufs.

Au bain-marie, faire fondre le beurre et le chocolat à 40 °C puis réserver. Dans un saladier, mélanger le sucre glace, la poudre d'amande puis la farine et les blancs d'œufs crus (non battus). Ajouter le chocolat et mélanger l'ensemble à l'aide d'une spatule.

À l'aide d'une poche à douille lisse, verser la pâte dans des moules en silicone. Remplir aux deux tiers. Cuire dans un four à 180 °C (th. 6) pendant 10 à 13 minutes. Démouler immédiatement à la sortie du four. Laisser refroidir sur une grille.

UTILISER DE PRÉFÉRENCE DES BLANCS D'ŒUFS TEMPÉRÉS POUR ÉVITER QUE LA PÂTE NE DURCISSE TROP RAPIDEMENT AVANT DRESSAGE.

CONFITURE
DE CHOCOLAT MAISON

CONFITURE DE CHOCOLAT MAISON

POUR 6 PERSONNES

Très facile / Préparation : 10 min / Cuisson : 30 min

INGRÉDIENTS

- **1 boîte de 400 g de lait concentré sucré**
- **100 g de chocolat noir à 70 % de cacao.**

Faire un petit trou sur le couvercle de la boîte de lait concentré. Mettre celle-ci dans l'autocuiseur puis ajouter de l'eau jusqu'à la moitié de la boîte.

Cuire 30 minutes après la mise en pression.

Après cuisson, mélanger la confiture de lait chaude avec le chocolat préalablement haché. Verser ce mélange dans des petits pots.

ON PEUT UTILISER CETTE RECETTE COMME UNE PÂTE À TARTINER.

TARTINES AU CHOCOLAT ET À L'ANANAS

POUR 6 PERSONNES

Très facile

Préparation : 20 min

Cuisson : 20 min

INGRÉDIENTS

- **1 petit ananas frais**
- **1 gousse de vanille**
- **1/2 cuil. à café de cannelle en poudre**
- **2 cuil. à soupe de cassonade**
- **100 g de lait**
- **100 g de lait de coco**
- **2 jaunes d'œufs**
  100 g de miel
- **200 g de chocolat noir à 70 % de cacao**
- **Quelques tranches de pain grillé.**

Éplucher l'ananas puis le couper en petits tronçons.

Dans une casserole, réduire à feu doux les morceaux d'ananas, une demi-gousse de vanille fendue et grattée, la cannelle puis la cassonade. On obtient une compotée. Réserver au réfrigérateur.

Verser le lait et le lait de coco dans une casserole. Fendre la demi-gousse de vanille restante dans le lait, que l'on porte à ébullition. Dans un saladier, mettre les jaunes et le miel. Mélanger à l'aide d'un fouet. Ajouter une partie de lait bouillant dans le mélange, tout en fouettant. Remettre le mélange dans la casserole. Cuire l'ensemble sur feu doux jusqu'à 85 °C (utiliser un thermomètre pour contrôler la cuisson). Le mélange ne doit surtout pas bouillir. On obtient une crème anglaise. Retirer celle-ci du feu, la passer au travers d'une passoire sur le chocolat haché. Mélanger pour obtenir une crème lisse. Verser celle-ci sur la compotée d'ananas, mélanger à nouveau. Tartiner sur de fines tranches de pain grillé.

LA TEXTURE DE CETTE RECETTE RESSEMBLE À DES RILLETTES. ON PEUT LA CONSERVER DANS DES PETITS POTS PLUSIEURS JOURS AU RÉFRIGÉRATEUR.

MOUSSES CAPPUCCINO AU CHOCOLAT

POUR 8 PERSONNES

Très facile

Préparation : 35 min

Repos : 30 min

Cuisson : 5 min

CRÉMEUX CAFÉ

- 1 feuille de gélatine
- 5 cl de lait
- 10 cl de crème fraîche liquide
- 2 cuil. à café de café soluble
- 2 jaunes d'œufs
- 2 cuil. à soupe de sucre en poudre.

MOUSSE CAPPUCCINO

- 45 cl de crème fraîche liquide
- 2 cuil. à soupe de sucre en poudre
- 2 cuil. à café de café soluble
- 60 g de chocolat noir à 64 % de cacao.

DÉCOR

- Cacao en poudre
- Copeaux de chocolat.

Tremper et laisser ramollir la gélatine dans l'eau froide. Égoutter, réserver.

Dans une casserole, faire bouillir le lait, la crème et le café. Dans un saladier, battre les jaunes d'œufs et le sucre, verser la préparation au café, mélanger et reverser l'ensemble dans la casserole. À l'aide d'une spatule, cuire à feu doux jusqu'à ce que la crème épaississe. Celle-ci doit recouvrir la spatule. Ajouter la gélatine essorée, mélanger. Filtrer au travers d'une fine passoire. Couvrir d'un film alimentaire. Mettre au frais 30 minutes.

Dans une casserole, faire bouillir 20 cl de crème fraîche, le sucre en poudre et le café soluble. Verser sur le chocolat préalablement haché. Mélanger pour obtenir une crème lisse et brillante.

Dans un saladier bien froid, monter le restant de crème (25 cl) en chantilly puis l'incorporer dans la préparation précédente. Mélanger délicatement.

Finition : à l'aide d'une poche à douille lisse, garnir le fond de 8 coupelles de crémeux café puis recouvrir de mousse cappuccino, saupoudrer de cacao en poudre.
Décorer de copeaux de chocolat.

CE DESSERT SE DÉGUSTE TRÈS FRAIS, IL PEUT ÊTRE PRÉPARÉ À L'AVANCE.

MINIFONDANTS AU CHOCOLAT ET AUX GRIOTTINES

POUR 8 PERSONNES

Facile / Préparation : 15 min / Cuisson : 15 min

INGRÉDIENTS

- 150 g de chocolat à 70 % de cacao
- 120 g de beurre
- 3 œufs
- 150 g de sucre en poudre
- 75 g de farine
- 150 g de griottines dénoyautées au Cointreau.

Faire fondre le chocolat et le beurre au bain-marie. Dans un saladier, travailler les œufs et le sucre afin que le mélange blanchisse. Verser le mélange chocolat et beurre fondus sur les œufs, puis ajouter la farine. Mélanger l'ensemble de façon homogène. À l'aide d'une poche à douille lisse, garnir des petits moules en silicone puis incorporer 1 griottine au centre. Cuire dans un four à 180 °C (th. 6) pendant 8 à 10 minutes. À la sortie du four, laisser refroidir puis démouler.

LES GRIOTTINES SONT ALCOOLISÉES. ON PEUT LES REMPLACER PAR DES CERISES AU SIROP.

MINIFONDANTS AU CHOCOLAT
ET AUX GRIOTTINES

MAZERNI AU CHOCOLAT

POUR 10 PERSONNES

Très facile / Préparation : 15 min / Repos : 15 min

Cuisson : 25 min

INGRÉDIENTS

- 165 g de sucre glace
- 180 g de farine
- 1 cuil. à soupe de cacao en poudre
- 1/2 sachet de levure chimique
- 3 œufs
- 10 cl d'huile
- 7 cl de vin blanc moelleux
- 10 g de beurre.

Dans un saladier, à l'aide d'une spatule, mélanger le sucre glace, la farine, le cacao en poudre et la levure chimique préalablement tamisée. Ajouter les œufs et l'huile. Mélanger. Laisser reposer 15 minutes.

Incorporer le vin blanc, mélanger à nouveau. Verser la pâte dans un moule à cake préalablement beurré et fariné. Cuire dans un four à 180 °C (th. 6) pendant 25 minutes. Sortir du four, démouler et laisser refroidir.

ROMIAS, PAGE 46

PUDDING AU CHOCOLAT
ET AU RAISIN, PAGE 47

ROMIAS

POUR 4 PERSONNES

Facile

Préparation : 30 min

Cuisson : 10 min

PÂTE À ROMIAS

- 125 g de beurre
- 50 g de sucre glace
- 1 blanc d'œuf
- 140 g de farine
- 1 cuil. à soupe de cacao en poudre
- 1/4 de sachet de levure chimique
- Une pincée de sel.

APPAREIL À CROUSTILLANT

- 70 g de crème fraîche liquide
- 60 g de miel
- 70 g de cassonade
- 70 g d'amandes effilées.

Dans un saladier, mettre le beurre en pommade, ajouter le sucre glace. Mélanger. Incorporer le blanc d'œuf cru (non battu). Mélanger. Ajouter le sel, la farine, le cacao en poudre et la levure chimique. Le mélange obtenu aura une consistance ferme. (Si, toutefois, celui-ci est trop dur, réchauffer légèrement la pâte afin d'augmenter la souplesse.) À l'aide d'une poche à douille cannelée, réaliser des petites couronnes sur une feuille de papier sulfurisé. Réserver.

Dans une casserole, amener à ébullition la crème fraîche liquide, le miel, la cassonade et les amandes effilées. Réserver.

Garniture de la couronne : à l'aide d'une petite cuillère, garnir d'appareil à croustillant le centre des couronnes au chocolat. Cuire dans un four à 170 °C (th. 5-6) pendant 10 à 12 minutes environ. Sortir du four et laisser refroidir.

L'ASPECT DU CROUSTILLANT DOIT ÊTRE CARAMEL.
CELUI DE LA COURONNE, BIEN DORÉ.
LES ROMIAS SE CONSERVENT EN BOÎTE HERMÉTIQUE DÈS QUE LE PRODUIT EST FROID.

PUDDING AU CHOCOLAT ET AU RAISIN

POUR 8 PERSONNES

Très facile

Préparation : 20 min

Repos : 45 minutes

Cuisson : 40 min

INGRÉDIENTS

- 380 g de brioche rassise
- 100 g de raisins secs
- 1 l de lait
- 1 gousse de vanille
- 4 œufs
- 150 g de cassonade
- 1 zeste d'orange râpé
- 2 cuil. à soupe de Grand Marnier
- 200 g de pépites de chocolat noir à 64 % de cacao.

Couper la brioche rassise en morceaux et ajouter les raisins secs. Réserver.

Faire bouillir le lait et la gousse de vanille fendue et grattée.

Dans un saladier, battre les œufs et la cassonade. Ajouter le zeste d'orange, le lait chaud puis verser le tout sur le mélange brioche-raisins secs. Laisser imbiber 45 minutes.

Ajouter en dernier le Grand Marnier et les pépites de chocolat. Verser la préparation dans un moule beurré. Cuire au four à 170 °C (th. 5-6) pendant 35 à 40 minutes. Sortir du four. Laisser refroidir. Démouler.

LA BRIOCHE PEUT ÊTRE REMPLACÉE PAR DU PAIN RASSIS. IL EST PRÉFÉRABLE DE DÉGUSTER LE PUDDING LE LENDEMAIN DE SA FABRICATION.

CRAQUINETTES AU CHOCOLAT

POUR 6 À 8 PERSONNES

Facile

Préparation : 1 h 15 min

Repos : 2 h 45 min

Cuisson : 10 min

INGRÉDIENTS

- **75 g de chocolat au lait**
- **2 cuil. à soupe de beurre**
- **300 g de praliné aux noisettes**
- **145 g de céréales croustillantes.**

LE CHOCOLAT

- **500 g de chocolat noir à 64 % de cacao.**

Faire fondre au bain-marie le chocolat au lait et le beurre à 45 °C. Ajouter le praliné aux noisettes, mélanger, incorporer les céréales croustillantes. Mélanger à nouveau.

Dans un moule rectangulaire de 25 cm sur 18 cm, tapisser sur 1 cm de hauteur d'un film alimentaire. Verser la préparation, étaler, lisser et laisser durcir au réfrigérateur pendant 2 heures.

Démouler en passant la pointe d'un petit couteau tout autour du moule. Ôter le film alimentaire. Couper des rectangles de 3 cm sur 2 cm.

À l'aide de chocolat noir tempéré, tremper les craquinettes avec une fourchette. Les poser sur une feuille de papier sulfurisé. Décorer partiellement le dessus des craquinettes de céréales. Laisser durcir à température ambiante 30 à 45 minutes. Les décoller puis les conserver dans une boîte hermétique, à l'abri de la chaleur et de l'humidité.

TRUFFES AU GINGEMBRE

POUR 8 PERSONNES

Très facile / Préparation : 30 min / Repos : 2 h 05 min

Cuisson : 20 min

INGRÉDIENTS

- 13 cl de crème fraîche liquide
- 1 cuil. à soupe de miel
- 15 g de racine de gingembre fraîche
- 225 g de chocolat noir à 64 % de cacao
- 1 cuil. à soupe de beurre.

POUR L'ENROBAGE

- 150 g de cacao en poudre amer.

Dans une casserole, faire bouillir la crème fraîche, le miel, ajouter le gingembre préalablement épluché et haché finement. Laisser infuser 5 minutes, refaire bouillir puis verser en filtrant à l'aide d'une passoire sur le chocolat préalablement haché. Mélanger. Incorporer le beurre, mélanger à nouveau. À l'aide d'une poche à douille lisse, former des demi-boules sur une feuille de papier sulfurisé. Laisser durcir 2 heures. Les façonner entre ses mains afin de les rendre rondes. Rouler les truffes dans du cacao amer en poudre préalablement tamisé.

FLANS AU CHOCOLAT
ET À LA NOIX DE COCO

FLANS AU CHOCOLAT ET À LA NOIX DE COCO

POUR 6 PERSONNES

Très facile / Préparation : 15 min / Cuisson : 30 min

INGRÉDIENTS

- **50 cl de lait**
- **150 g de chocolat noir à 64 % de cacao**
- **3 œufs + 3 jaunes**
- **100 g de sucre en poudre**
- **40 g de noix de coco râpée.**

Dans une casserole, faire bouillir le lait. Ajouter le chocolat haché. Mélanger.

Dans un saladier, battre les œufs entiers, les jaunes d'œufs et le sucre. Verser dans le lait chocolaté. Passer l'ensemble au travers d'une passoire. Incorporer la noix de coco râpée, mélanger.

Mettre les ramequins dans un plat au bain-marie.
Verser la préparation. Cuire au four à 160 °C (th. 5-6) pendant environ 30 minutes. Sortir du four, laisser refroidir et placer au réfrigérateur.

CES PETITS FLANS AU CHOCOLAT DOIVENT ÊTRE SERVIS TRÈS FRAIS.

DES RECETTES

PLUS ÉLABORÉES,

PLUS « LÉCHÉES »,

TANT AU NIVEAU DE

LA PRÉSENTATION QU'À CELUI

DES INGRÉDIENTS.

J'ÉPATE LA BELLE-FAMILLE

J'ÉPATE
LA BELLE-FAMILLE

QUI N'A JAMAIS CONNU CE MOMENT DE DÉSARROI, QUAND L'HEURE DE RENCONTRER LA BELLE-FAMILLE VIENT À SONNER ? LE DÉSARROI QUI VOUS ASSAILLE LORSQUE VOUS RÉALISEZ QUE VOUS AVEZ UN REPAS À PRÉPARER POUR DES PERSONNES DONT VOUS IGNOREZ LES GOÛTS MAIS QUE VOUS VOULEZ SÉDUIRE COÛTE QUE COÛTE.

Dans ces cas-là, ne vous torturez pas l'esprit et, ni une ni deux, optez pour un dessert à base de chocolat. Le chocolat, tout le monde l'aime, même vos beaux-parents, et il est une arme de séduction massive grâce à sa puissance, à son intensité et à sa sensualité.
Seulement, voilà, votre douce belle-maman s'y connaît déjà sûrement dans ce domaine. Pour preuve, son fiston (ou sa fille, je ne tiens pas à exclure les beaux-fils en puissance) vous a déjà parlé à maintes reprises, les yeux pleins d'étoiles, du gâteau au chocolat que sa maman lui préparait avec amour tous les ans pour son anniversaire.
Pas question donc de se mesurer à elle sur un terrain où elle a une sérieuse expérience car vous risquez :
1- d'entendre de la part de votre bien-aimé un « il n'est pas pareil que celui de maman, ton gâteau, ma chérie » suivi d'un compatissant « oh, ne sois pas si dur, elle fait ce qu'elle peut, mon chou » de votre belle-maman ;
2- de vous attirer les foudres de votre belle-mère, qui va très mal digérer ce gâteau au chocolat parfumé d'insolence que vous lui servez avec un sourire pas peu fier de vous.

La solution : innover. Vous gardez l'élément essentiel, à savoir le chocolat, et vous jouez sur des associations qui étonnent et/ou sur des présentations qui impressionnent. En premier lieu, toute la tablée sera épatée par vos talents de pâtissière et votre sens du goût indéniable. En second lieu, aucun point de comparaison avec belle-maman ne sera possible puisque ce que vous servirez sera du jamais vu auparavant.

Au résultat, peu importe si votre salade de magret était trop assaisonnée, votre blanquette de veau, trop cuite, ce qui va rester dans la tête de vos invités après ce dîner sera ce sublime dessert d'exception qui les aura ravis au plus haut point.

COMMENT NE PAS VOUS AIMER APRÈS ÇA ? C'EST DANS LA POCHE !

LE TEMPÉRAGE DU CHOCOLAT POUR DES DÉCORS ET DES MOULAGES RÉUSSIS

QUAND JE VEUX LAISSER TOUT LE MONDE BOUCHE BÉE, JE DÉCORE MES DESSERTS AU CHOCOLAT AVEC DU... CHOCOLAT ! (CAR NON, DÉCIDÉMENT, IL N'Y EN A JAMAIS TROP.) DE LARGES COPEAUX NOIRS SUR LA TARTE AU CHOCOLAT BLANC, UN RUBAN IVOIRE ENCERCLANT LE BAVAROIS AU CHOCOLAT AU LAIT... ÇA EN JETTE ET, POURTANT, C'EST SIMPLE À FAIRE. ENCORE FAUT-IL CONNAÎTRE LE TOUR DE MAIN INDISPENSABLE : LE TEMPÉRAGE.

C'est quoi ? C'est la technique de fonte optimale du chocolat. En respectant des températures précises, et seulement à ce prix, on obtiendra un chocolat bien brillant et bien cassant. C'est un peu contraignant, je vous l'accorde, mais, quitte à faire une décoration chocolatée, autant éviter qu'elle soit terne, blanchâtre et mollassonne.

LA MÉTHODE

Si vous voulez obtenir un résultat digne d'un professionnel, il va vous falloir investir dans un thermomètre à chocolat. Ceci fait, vous pouvez vous lancer.

Hachez le chocolat et déposez-le dans un saladier, que vous poserez sur une casserole d'eau frémissante. Oui, sur un bain-marie si vous préférez ! Laissez monter la température à 50 °C (pas plus sinon le chocolat sera plus brûlé que fondu). Retirez alors le saladier de son bain-marie et laissez la température redescendre à 28-29 °C. Un conseil : à ce moment-là, remuez le chocolat si vous ne voulez pas y passer la journée. Puis remettez le saladier sur le bain-marie jusqu'à ce que le chocolat atteigne précisément 32 °C. Il ne reste plus qu'à l'utiliser !

Une petite précision, au passage : ces températures correspondent au tempérage du chocolat noir. Pour les chocolats lacté et ivoire, elles sont différentes.

- chocolat au lait : 45 °C puis 27-28 °C puis 31 °C ;
- chocolat blanc : 40 °C puis 26-27 °C puis 29 °C.

SI ON N'A PAS DE THERMOMÈTRE À CHOCOLAT

Vous pouvez quand même parvenir à un résultat tout à fait convaincant (c'est moins bien que parfait, mais c'est déjà pas mal !) sans cet instrument.

Hachez toute la masse de chocolat que vous souhaitez travailler. Déposez-en seulement les deux tiers dans le saladier et mettez-le à fondre sur le bain-marie. Quand le chocolat est bien fondu, hors du feu, versez le tiers de chocolat haché restant et remuez sans arrêt jusqu'à ce que tout soit fondu. Cet « ensemencement », comme le nomment les pros, a pour but de faire chuter la température rapidement. Enfin, il vous faudra remettre le saladier à chauffer quelques instants pour obtenir un chocolat fondu suffisamment fluide pour être facile à utiliser.

AU MICRO-ONDES, C'EST POSSIBLE ?

Bien sûr que oui ! Mais comme je n'en ai pas à la maison, je vous parle du bain-marie en premier lieu. Cela dit, vous relisez la technique de l'ensemencement ci-dessus et vous remplacez le mot « bain-marie » par le mot « micro-ondes ».
Et, normalement, tout devrait se passer aussi bien !

ET APRÈS ?

Lorsque le chocolat est fondu, c'est le moment d'exprimer votre talent. Sur une feuille guitare ou une feuille de papier sulfurisé, étalez le chocolat fondu à l'aide d'une spatule. Laissez sécher puis, avec un racloir (cousin éloigné du couteau de maçon), raclez le chocolat. Vous obtenez ainsi de beaux gros copeaux gourmands.

Vous pouvez également réaliser des bandes plus ou moins larges qui vous serviront à encercler des entremets. Vous pouvez grâce à cette technique réaliser des moulages en chocolat, superposer deux couleurs de chocolat (blanc et noir, tant qu'à faire) pour un effet zébré… et que sais-je encore ! Ses utilisations n'ont de limite que votre imagination !

DE LA VAISSELLE EN CHOCOLAT

Si, comme moi, vous avez toujours rêvé du moment où vous pourriez déguster une mousse au chocolat (ou une glace au chocolat) avec une cuillère en chocolat dans une coupelle en chocolat, ce qui suit est fait pour vous.

→ Une cuillère en chocolat

Lorsque votre chocolat est tempéré, nappez-en une face de cuillère à café sans trop d'excès. Laissez sécher et renouvelez l'opération autant de fois que nécessaire de façon à obtenir l'épaisseur de chocolat souhaitée, puis placez au frais pour faire durcir le chocolat. Il ne reste plus qu'à séparer la cuillère en chocolat de la vraie cuillère avant de les offrir à vos convives ébahis.

→ Une coupelle en chocolat

Le principe est à peu près identique. Coupez un verre en plastique à la hauteur que vous souhaitez. Remplissez-le de chocolat tempéré puis retournez-le au-dessus du saladier afin de retirer l'excédent. Laissez sécher et renouvelez l'opération autant de fois que nécessaire jusqu'à l'épaisseur souhaitée. Placez au froid puis, une fois le chocolat durci, retirez le verre en le coupant si besoin.

PETITE SCÈNE DE LA VIE COURANTE

Au restaurant, au moment délicat du choix du dessert :
« Tu prends quoi, ma petite cocotte en papier ? »
« Oh, je ne sais pas… tout a l'air trop bon, mon choupinou ! Non mais, en même temps, je ne vais pas tergiverser pendant des heures, j'ai envie de chocolat… »
« C'est bien, ma truffe des bois, pour une fois tu sais ce que tu veux ! Donc, tu choisis quoi ? La mousse aux trois chocolats ou le fondant tiède cœur coulant ? »
« La crème brûlée ! »
« Non mais tu te fiches de moi, ou quoi ? Tu m'as dit que tu avais envie de chocolat il y a à peine 15 secondes ! »
« Oui, mais c'est parce que je n'avais pas vu qu'ils avaient de la crème brûlée… tu sais à quel point j'adore ce dessert, mon lapinounet ! Casser la croûte chaude et dorée avec le dos de ma cuillère et laisser fondre la crème froide sur ma langue. Miam, je viens de m'en mettre l'eau à la bouche, c'est sûr, je prends ça ! »

« Madame, Monsieur ? Vous avez choisi ? »
« Oui. Pour moi, ce sera seulement un café, et Madame prendra une crème brû… »
« Non ! Une mousse aux trois chocolats ! Ou, non, plutôt le fondant tiède cœur coulant ! Non, en fait, on n'a pas encore choisi ! »
« Je vous laisse réfléchir, faites-moi signe lorsque vous aurez fixé votre choix. »

« Non, mais c'est quand même pas croyable ! À chaque fois tu me fais le coup ! Décide-toi, bon sang, on ne va pas y passer la nuit ! »
« Oui, mais j'ai une superenvie de chocolat. Et, en même temps, je me dis que, la crème brûlée, je n'en mange pas souvent et ce sera moins lourd après un tel repas… mais, du coup, je vais sortir du resto frustrée de chocolat… Tu comprends mon dilemme ? »
« Ce que je comprends, surtout, c'est que si j'étais chef pâtissier je penserais à tous ces maris qui souffrent et j'inventerais une crème brûlée au chocolat ! »

PAS BÊTE, N'EST-CE PAS !

LE GRUÉ DE CACAO : UNE TOUCHE DE SOPHISTICATION

On a tendance à l'oublier, mais le chocolat ne pousse pas en tablettes. À la base, il y a un arbre, le cacaoyer. (Non, ne vous endormez pas, cela va devenir intéressant.) Sur cet arbre poussent des fruits que l'on appelle des cabosses. (Vraiment, je vous la fais courte, je vous assure). Dans ces cabosses se trouvent des fèves. (Allez courage ! Y en a pas pour longtemps). C'est à partir de ces fèves, préalablement séchées, que l'on va obtenir du chocolat, après moult opérations fastidieuses.
La première, celle qui nous intéresse directement et donc la seule dont nous parlerons (ouf !), c'est la torréfaction. Car il est important de souligner que, comme le café, les fèves de cacao ont besoin d'être torréfiées pour que leurs arômes soient exacerbés. (Promis, cette fois, c'est presque fini.) Une fois torréfiées, c'est-à-dire cuites à cœur avec leurs coques, les fèves sont décortiquées puis broyées. Un broyage qui donne naissance à mille et un éclats de fèves de cacao torréfiées, riches d'arômes puissants, plus connus sous le nom (pas très engageant, je vous l'accorde) de grué de cacao.

Pour conclure, donc, le grué de cacao, c'est la petite note de craquant, la touche de légère amertume, de puissance et d'intensité que l'on ajoute au gré de ses fantaisies aux préparations chocolatées de son choix pour leur apporter quelques grammes de sophistication supplémentaires.
Un plaisir toutefois réservé à des palais adultes et matures qui aiment la complexité (je vous dis cela parce que j'ai vu des petits bouts de chou grimacer et retirer délicatement toutes ces précieuses pépites de leur bouche…).

LE COUP DU COQUETIER

Remontons quelque peu le temps. Si, aujourd'hui, j'ai une belle-famille à épater, c'est que j'ai réussi à conquérir le cœur d'un Paulo. Moi, j'ai toujours cru que c'était grâce à mon charme irrésistible, à ma beauté des dieux et à mon intelligence hors norme (j'en fais trop ?) qu'il avait craqué. Mais, récemment, je suis tombée des nues.
Au détour d'une conversation des plus banales de prime abord avec ledit Paulo, j'ai eu droit à un terrible aveu de sa part. Figurez-vous que, ce qui l'a vraiment fait craquer chez moi, ce ne sont pas mes innombrables qualités intrinsèques, ce sont en réalité mes coquetiers au chocolat et leurs mouillettes de pain d'épice !
Bon, il est vrai que, le jour où je les lui ai préparés, je savais pertinemment ce que je faisais. Je connaissais l'animal, je savais qu'il adorait les œufs à la coque, notamment pour leur petit côté régressif, ce plaisir enfantin de tremper la mouillette dans le jaune coulant, de le voir déborder et dégouliner le long de la coquille. Forte de cette information capitale quant à l'homme que je voulais faire succomber, je lui avais proposé comme si de rien n'était de venir prendre le goûter à la maison après une longue balade en tête à tête. Et, toujours comme si de rien n'était, je lui avais servi ces petits coquetiers remplis de chocolat. J'avais pu remarquer, avec une satisfaction non dissimulée, un immense sourire se dessiner sur son visage. J'avais bien compris qu'il les avait appréciés, mes coquetiers, c'était aussi flagrant que le nez au milieu de la figure. En revanche, il ne m'avait jamais avoué que c'était à partir de ce jour, enfin, de ce moment, devrais-je plutôt dire, que j'avais véritablement gagné ses faveurs.

Par la suite, un jour où je devais recevoir ma belle-famille, je me suis souvenue de cette recette en me disant que, si elle avait fonctionné sur un Paulo, elle devait normalement fonctionner sur un frère et une sœur de Paulo ; puis, sur le même principe, elle devait également fonctionner sur un papa et une maman de Paulo. En effet, la théorie s'est confirmée : ces coquetiers font craquer tout le monde !
En toute logique, donc, soyez certain(e) que le coup du coquetier marchera sur un Jules, un Tony ou un Marco (une Lili, une Brigitte ou une Maya).

SECRETS DE GLAÇAGE

LE GLAÇAGE AU CHOCOLAT, C'EST UN PEU LA PAIRE DE CHAUSSURES ASSORTIE AU SAC À MAIN, LE DIAMANT SUR LA BAGUE, EN D'AUTRES TERMES LA GOURMANDISE PORTÉE À SON COMBLE.

Personnellement, j'en mettrais partout si je m'écoutais, du gâteau au yaourt au brownie en passant par le cake au citron (oui, avec un glaçage au chocolat au lait, je ne vous dis que ça !). C'est beau et c'est bon, pas question donc d'en faire l'impasse !
(Les proportions données ci-dessous permettent de glacer un gâteau de 20 cm de diamètre.)

GLAÇAGE NOIR ET BRILLANT (dit aussi glaçage-on-se-voit-dedans). C'est le plus « difficile » à réaliser mais aussi celui qui donne le résultat le plus esthétique. Pour le préparer, il vous faudra de préférence un thermomètre à sucre.

100 g de sucre en poudre
200 g de chocolat noir en pistoles ou haché.
Préparer un sirop avec le sucre et 10 cl d'eau. Ajouter le chocolat et mélanger sur feu moyen jusqu'à ce qu'il soit complètement fondu. Laisser monter la température de façon qu'elle atteigne 110 °C. Retirer alors la casserole du feu et utiliser le glaçage sans attendre.
Faute de thermomètre à sucre, vous devrez procéder au test du « fil » : plongez vos doigts dans l'eau glacée puis dans le chocolat. Si, lorsque vous écartez vos doigts, le chocolat forme un fil, il est bien à 110 °C.

GLAÇAGE NOIR ET BRILLANT, MÉTHODE SIMPLE
Plus simple à réaliser que le précédent, ce glaçage donne également un résultat miroir. Cela dit, il est aussi plus riche. À vous de voir !

25 cl de crème fraîche liquide
40 g de sucre en poudre
200 g de chocolat noir en pistoles ou haché
40 g de beurre.

Porter à frémissement la crème et le sucre dans une petite casserole. Verser sur le chocolat préalablement déposé dans un saladier puis ajouter le beurre en petits dés et remuer à l'aide d'une spatule en bois jusqu'à ce que le mélange soit homogène. Utiliser sans attendre.

GLAÇAGE NOIR ET ÉPAIS En d'autres termes, il s'agit d'une ganache. Elle donne un glaçage riche et gourmand, généralement très apprécié.

10 cl de crème fraîche liquide / 200 g de chocolat noir en pistoles ou haché.
Porter la crème à frémissement dans une petite casserole. La verser sur le chocolat préalablement déposé dans un saladier et mélanger à l'aide d'une spatule en bois jusqu'à l'obtention d'une crème lisse et brillante. Utiliser sans attendre.
Pour un résultat un peu moins dense, vous pouvez remplacer la crème par la même quantité de lait. Et les plus gourmands pourront ajouter 1 à 2 cuillerées de miel.

GLAÇAGE « CHOCOLACTÉ » Là encore, on prépare une ganache... mais au chocolat au lait cette fois !

12 cl de crème fraîche liquide / 2 cuil. à soupe de miel ou de glucose / 200 g de chocolat au lait en pistoles ou haché.
Porter à frémissement la crème et le miel dans une petite casserole. Verser sur le chocolat au lait préalablement déposé dans un saladier et mélanger à la spatule en bois jusqu'à ce que la crème soit lisse. Utiliser immédiatement.
Il est important de mélanger avec une spatule plutôt qu'au fouet, qui aurait pour effet de faire pénétrer de l'air dans la crème. Votre glaçage serait alors plein de petites bulles disgracieuses...

GLAÇAGE BLANC COMME NEIGE Même méthode que précédemment, mais les proportions changent quelque peu.
Ce glaçage, particulièrement sucré, convient parfaitement à des gâteaux ou à des entremets acidulés (aux agrumes, aux fruits rouges, à la rhubarbe...).

12 cl de crème fraîche liquide / 2 cuil. à soupe de miel ou de glucose / 220 g de chocolat blanc en pistoles ou haché.
Porter à frémissement la crème et le miel dans une petite casserole. Verser sur le chocolat blanc préalablement déposé dans un saladier et mélanger à la spatule en bois jusqu'à ce que la crème soit lisse. Utiliser immédiatement.

ROULEAUX DE PRINTEMPS AU CHOCOLAT, PERLES DU JAPON

POUR 5 PERSONNES

Facile

Préparation : 45 min

Repos : 1 h

Cuisson : 25 min

COULIS PASSION

- **200 g de jus de fruit de la passion**
- **30 g de sucre en poudre.**

INGRÉDIENTS

- **30 g de perles du Japon**
- **2 tranches d'ananas confites**
- **145 g de chocolat noir à 64 % de cacao**
- **15 cl de crème fraîche liquide**
- **1 cuil. à soupe de beurre**
- **10 feuilles de riz.**

Dans une casserole, chauffer le jus de fruit de la passion avec le sucre en poudre sans faire bouillir. Réserver au frais.

Dans une casserole, faire bouillir de l'eau puis cuire les perles du Japon pendant 20 à 25 minutes. Égoutter, réserver.

Hacher séparément les tranches d'ananas en petits morceaux et le chocolat noir. Dans une casserole, faire bouillir la crème fraîche liquide. Verser le chocolat noir haché, mélanger. Ajouter le beurre, les perles du Japon et les petits morceaux d'ananas confits. Couvrir d'un film plastique. Laisser refroidir 30 minutes.

Montage des rouleaux de printemps au chocolat : humidifier les feuilles de riz. À l'aide d'une poche à douille lisse, former des boudins de ganache de 8 cm au centre des feuilles de riz. Refermer en forme de rouleaux, placer au congélateur 30 minutes.

Dans une casserole, faire chauffer de l'huile de friture à 180 °C et y plonger les rouleaux de printemps. Une fois bien dorés, les retirer avec une écumoire, les égoutter sur un papier absorbant. Les servir chauds. Sur de belles assiettes, les accompagner de coulis passion.

DÔMES CHOCO-COCO

POUR 8 PERSONNES

Très facile / Préparation : 20 min / Cuisson : 15 min

INGRÉDIENTS

• 170 g de noix de coco râpée • 100 g de sucre en poudre • 3 cuil. à soupe de miel • 1/2 cuil. à soupe de farine • 2 œufs • 1 cuil. à café de beurre.

GLAÇAGE AU CHOCOLAT

• 15 cl de crème fraîche liquide • 10 cl de lait • 1 cuil. à café de miel • 160 g de chocolat noir à 64 % de cacao • 1 cuil. à soupe de beurre.

Dans un saladier, à l'aide d'une spatule, mélanger la noix de coco râpée, le sucre en poudre, le miel, la farine et les œufs. Ajouter le beurre préalablement fondu et tiède. À l'aide d'une cuillère à soupe, remplir à ras des moules en forme de dôme. Cuire dans un four à 180 °C (th. 6) pendant 10 à 12 minutes. Sortir du four, laisser refroidir et démouler.

Dans une casserole, faire bouillir la crème fraîche, le lait et le miel. Ajouter le chocolat préalablement haché. Mélanger. Incorporer le beurre ramolli.

Finition : glacer les dômes coco de glaçage au chocolat tiède. Déposer sur une assiette à dessert.

ON PEUT ACCOMPAGNER CE DESSERT AVEC UNE BOULE DE GLACE À LA VANILLE.

DARIOLES
AU CHOCOLAT

DARIOLES AU CHOCOLAT

POUR 8 PERSONNES

Facile / Préparation : 15 min / Repos : 2 h

Cuisson : 10 min

INGRÉDIENTS

- **100 g de chocolat noir à 64 % de cacao**
- **100 g de beurre**
- **4 œufs**
- **100 g de sucre en poudre**
- **3 cuil. à soupe de farine.**

Hacher finement le chocolat. Le faire fondre au bain-marie. Incorporer le beurre mou. Mélanger. Réserver.

Dans un saladier, battre les œufs et le sucre jusqu'à ce que le mélange devienne mousseux. Verser la farine, mélanger à l'aide d'une spatule. Mélanger les 2 préparations. Laisser reposer 2 heures.

Beurrer des ramequins, les remplir aux deux tiers de pâte à dariole. Cuire au four à 200 °C (th. 6-7) pendant 8 à 10 minutes. Sortir du four, retourner les ramequins sur une assiette, démouler et servir chaud.

CE DESSERT PEUT S'ACCOMPAGNER D'UNE BOULE DE GLACE À LA VANILLE.

ÎLES FLOTTANTES AU CHOCOLAT ET AUX CRANBERRIES

POUR 6 PERSONNES

Très facile

Préparation : 30 min

Repos : 2 h

Cuisson : 5 min

CRÈME CHOCOLAT

- **50 cl de lait**
- **100 g de chocolat noir à 64 % de cacao**
- **5 jaunes d'œufs**
- **100 g de sucre en poudre.**

INGRÉDIENTS

- **150 g de blancs d'œufs**
- **3 cuil. à soupe de sucre en poudre.**

POUR LE DÉCOR

- **1 sachet de cranberries.**

Crème chocolat : dans une casserole, faire bouillir le lait. Ajouter le chocolat haché dans le lait. Mélanger. Dans un saladier, battre les jaunes d'œufs et le sucre. Verser dans le lait. À l'aide d'une spatule, cuire à feu doux jusqu'à ce que la crème épaississe. Celle-ci doit recouvrir la spatule.

Verser la crème anglaise au chocolat dans un saladier en veillant à la filtrer au travers d'une fine passoire. Laisser refroidir dans le réfrigérateur pendant 2 heures.

À l'aide d'un batteur électrique, monter les blancs dans un saladier en incorporant en plusieurs fois le sucre. À l'aide d'une poche à douille cannelée, former des rosaces sur une assiette. Cuire au micro-ondes 10 secondes, ouvrir la porte puis recuire 10 secondes. Réserver.

Finition : verser de la crème anglaise au chocolat dans des coupes. Déposer 3 demi-boules d'œufs à la neige. Décorer de cranberries.

TARTE CAFÉARONS

POUR 10 PERSONNES

Difficile / Préparation : 1 h

Repos : 2 h 20 min / Cuisson : 40 min

INGRÉDIENTS

• 250 g de pâte sablée (p. 126).

CHANTILLY CAFÉ

• 1 feuille de gélatine • 24 cl de crème fraîche liquide • 1 cuil. à soupe de sucre en poudre • 1/2 cuil. à café de café soluble.

MACARONS CAFÉ

• 3 blancs d'œufs • 1 cuil. à soupe de sucre en poudre • 1/2 cuil. à café de jus de citron • 225 g de sucre glace • 125 g de poudre d'amande • 1 cuil. à soupe d'extrait de café • Une pincée de sel.

GANACHE CAFÉ

• 140 g de crème fraîche liquide • 3 cuil. à soupe de café soluble • 1 cuil. à café de grains de café • 1 cuil. à soupe de miel • 170 g de chocolat au lait • 25 g de chocolat noir à 64 % de cacao • 50 g de beurre.

Préparer un fond de tarte en pâte sablée. Cuire au four à 160 °C (th. 5-6). Sortir du four et laisser refroidir.

Tremper et ramollir la gélatine dans de l'eau froide et réserver. Dans une petite casserole, faire chauffer 4 cl de crème fraîche, le sucre et le café soluble. Incorporer la gélatine essorée, mélanger. Monter le restant de crème fraîche en chantilly. Mélanger à la préparation précédente. Sur une plaque recouverte d'un papier sulfurisé, placer un petit cercle. Puis verser la chantilly café, lisser avec le dos d'un couteau. Mettre au congélateur 1 heure au minimum. Réserver.

Dans un saladier, monter les blancs d'œufs en neige avec le sucre en poudre, le sel et le jus de citron jusqu'à ce qu'ils soient bien fermes. Verser le mélange sucre glace et poudre d'amande préalablement tamisés sur les blancs d'œufs en neige. Ajouter l'extrait de café, mélanger vigoureusement à l'aide d'une spatule. La pâte à macarons doit être lisse et brillante.

À l'aide d'une poche munie d'une douille lisse, former des demi-boules de 2 cm de diamètre sur une plaque de four recouverte d'une feuille de papier sulfurisé. Laisser reposer 15 minutes. Cuire dans un four à 150 °C (th. 5) pendant 12 minutes. Sortir du four et verser un peu d'eau en dessous de la feuille de papier sulfurisé. Laisser refroidir et décoller délicatement les macarons. Réserver.

Dans une casserole, faire bouillir la crème fraîche, le café soluble, les grains de café et le miel. Laisser infuser 5 minutes. Filtrer au travers d'une fine passoire sur les chocolats préalablement hachés. Mélanger. Ajouter le beurre.

Finition : à l'aide d'une poche munie d'une douille, garnir de ganache café 20 macarons et les coller deux à deux. Réserver. Verser le restant de la ganache café dans le fond de la tarte. Mettre au réfrigérateur 1 heure.

À la sortie du congélateur, décercler le disque de chantilly café. Saupoudrer de cacao en poudre puis déposer celui-ci sur la ganache café. Placer harmonieusement les macarons autour du disque de chantilly café. Décorer de quelques grains de café, de copeaux de chocolat blanc et de macarons garnis.

CHARLOTTINES AU CHOCOLAT ET À LA BERGAMOTE

POUR 6 PERSONNES

Facile/ Préparation : 45 min / Cuisson : 25 min

BISCUIT À LA CUILLER

• 6 œufs • 75 g de sucre en poudre • 2 cuil. à soupe de farine • 3 cuil. à soupe de fécule (pomme de terre ou maïs) • Sucre glace.

CRÉMEUX CHOCOLAT

• 20 cl de lait • 5 cl de crème fraîche liquide • 2 jaunes d'œufs • 1 cuil. à soupe de sucre en poudre • 135 g de chocolat noir à 64 % de cacao.

MOUSSE BERGAMOTE

• 1 feuille de gélatine • 2 cuil. à soupe de sucre en poudre • 3 jaunes d'œufs • 30 cl de crème fraîche liquide • 6 gouttes d'essence de bergamote.

DÉCOR

• Cacao en poudre

• Copeaux de chocolat noir et blanc.

Dans un saladier, fouetter légèrement les jaunes d'œufs avec 20 g de sucre en poudre (ne pas les faire mousser). À l'aide d'un batteur électrique, monter les blancs en neige avec le restant de sucre en poudre. Ajouter la préparation précédente. Mélanger délicatement.

Incorporer la farine et la fécule préalablement tamisées. Mélanger à nouveau sans faire retomber la pâte.

À l'aide d'une poche munie d'une douille lisse, former des boudins de 8 à 10 cm de longueur sur une plaque de four recouverte d'une feuille de papier sulfurisé. Saupoudrer de sucre glace une première fois puis, 2 minutes plus tard, une seconde fois.

Cuire dans un four à 180 °C (th. 6) pendant 15 minutes. Sortir du four et laisser refroidir. Réserver.

Crémeux chocolat : dans une casserole, faire bouillir le lait et la crème. Dans un saladier, battre les jaunes d'œufs et le sucre. Mélanger et reverser l'ensemble dans la casserole. À l'aide d'une spatule, cuire à feu doux jusqu'à ce que la crème épaississe. Celle-ci doit recouvrir la spatule. Verser sur le chocolat préalablement haché en filtrant au travers d'une fine passoire. Couvrir d'un film alimentaire. Réserver.

Tremper et laisser ramollir la gélatine dans l'eau froide. Égoutter, réserver.

Dans une casserole, faire bouillir 3 cuillerées à soupe d'eau et le sucre. Battre les jaunes d'œufs. Verser le sirop bouillant sur les jaunes. À l'aide d'un batteur électrique, fouetter jusqu'à ce que le mélange soit doux et mousseux. Ajouter la crème fraîche montée en chantilly, la gélatine préalablement fondue au micro-ondes et les gouttes d'essence de bergamote. Mélanger délicatement l'ensemble.

Finition : placer à l'intérieur de 6 jolis petits verres 3 demi-biscuits à la cuiller. À l'aide d'une poche à douille lisse, garnir au tiers de crémeux chocolat. Avec une autre poche à douille lisse, garnir de mousse bergamote. Saupoudrer de cacao en poudre. Décorer d'un mélange de copeaux en chocolat noir et blanc.

ÉTUVÉE DE POMMES CANNELLE, SAUCE CHOCOLAT

POUR 6 PERSONNES

Très facile

Préparation : 30 min

Repos : 4 h

Cuisson : 4 h

INGRÉDIENTS

- 100 g de sucre en poudre
- 1 cuil. à café de cannelle en poudre
- 1 zeste d'orange
- 10 pommes reines des reinettes
- 2 cuil. à soupe de beurre.

SAUCE CHOCOLAT

- 20 cl de lait
- 20 cl de crème fraîche
- 1 cuil. à soupe de miel
- 110 g de chocolat noir à 64 % de cacao.

Étuvée de pommes : mélanger le sucre en poudre et la cannelle. Préparer le zeste d'orange. Réserver.

Éplucher les pommes, les couper en deux puis les épépiner. Émincer les demi-pommes en fines lamelles et les aplatir légèrement. Dans un moule à cake, tapisser le fond du moule de pommes. À l'aide d'un pinceau, badigeonner les pommes de beurre fondu puis saupoudrer de mélange sucre-cannelle et de zeste d'orange. Recommencer les mêmes opérations jusqu'en haut du moule à cake, en prenant soin d'alterner entre les couches de pommes le beurre fondu, le mélange sucre-cannelle et le zeste d'orange.

Placer le moule à cake sur une plaque du four, cuire à 130 °C (th. 4-5) pendant 4 heures. Sortir du four, laisser refroidir. Mettre au réfrigérateur 4 heures au minimum.

Dans une casserole, faire bouillir le lait, la crème fraîche et le miel. Verser sur le chocolat préalablement haché. Mélanger afin d'obtenir une sauce lisse.

Finition de l'étuvée de pommes : poser un plat rectangulaire sur le moule à cake, retourner en donnant une légère secousse.

Démouler la terrine de pommes. Couper 2 belles tranches par assiette. Napper de sauce chocolat.

DÉCORER DE ZESTES D'ORANGE ET DE BÂTONS DE CANNELLE.

CRÈMES BRÛLÉES AU CHOCOLAT
AU THÉ EARL GREY, PAGE 78

CRÈMES BRÛLÉES AU CHOCOLAT, BEURRE DE CACAHUÈTES, PAGE 79

CRÈMES BRÛLÉES PISTACHE CHOCOLAT AU GRUÉ DE CACAO

POUR 6 PERSONNES

Facile / Préparation : 35 min

Repos : 1 h / Cuisson : 1 h 05 min

CRÈME BRÛLÉE À LA PISTACHE

- 25 cl de lait
- 25 cl de crème fraîche liquide
- 5 jaunes d'œufs
- 4 cuil. à soupe de sucre en poudre
- 60g de pistaches
- 1 cuil. à café d'huile.

NOUGATINE AU GRUÉ DE CACAO

- 2 cuil. à soupe de lait
- 50 g de beurre
- 1 cuil. à soupe de miel
- 75 g de sucre en poudre
- 75 g de grué de cacao ou d'amandes hachées.

SAUCE CHOCOLAT

- 13 cl de lait
- 12 cl de crème fraîche liquide
- 2 jaunes d'œufs
- 2 cuil. à soupe de sucre en poudre
- 95 g de chocolat noir à 62 % de cacao.

Dans une casserole, faire bouillir le lait, la crème fraîche. Battre les jaunes d'œufs, le sucre et les pistaches préalablement mixées finement avec l'huile. Incorporer le lait et la crème. Mélanger. Passer l'ensemble à travers une fine passoire. Verser dans des coupelles transparentes. Cuire au four à 120 °C (th. 4) pendant 45 minutes. Sortir du four et laisser refroidir. Placer au réfrigérateur.

Dans une casserole, faire bouillir le lait, le beurre, le miel et le sucre pendant 2 minutes à petit feu. Hors du feu, ajouter le grué de cacao ou les amandes hachées, mélanger. Verser la nougatine sur du papier sulfurisé. Cuire au four à 180 °C (th. 6) pendant 10 minutes. Sortir du four, laisser refroidir 1 heure au frais. Réserver.

Dans une casserole, faire bouillir le lait et la crème. Verser sur le mélange jaunes d'œufs et sucre préalablement battus. Mélanger et remettre dans la casserole. À l'aide d'une spatule, cuire à feu doux jusqu'à ce que la sauce épaississe : celle-ci doit recouvrir la spatule. Verser sur le chocolat haché. Mélanger. Filtrer au travers d'une fine passoire.

Finition du dessert : sortir les crèmes brûlées à la pistache. Verser et recouvrir de sauce chocolat tiède. Décorer d'éclats de nougatine au grué de cacao.

POIRES EN ROBE DU SOIR

POUR 10 PERSONNES

Facile

Préparation : 45 min

Cuisson : 25 min

PÂTE À TULIPE CHOCOLAT

- 50 g de beurre
- 50 g de sucre glace
- 1 blanc d'œuf
- 2 cuil. à soupe de farine
- 1 cuil. à café de cacao en poudre.

POIRES CARAMÉLISÉES

- 5 minipoires au sirop
- 250 g de sucre en poudre.

CRÈME CHANTILLY AU CHOCOLAT

- 25 cl de crème fraîche liquide
- 30 g de sucre glace
- 1 cuil. à soupe de cacao en poudre.

DÉCOR

- Copeaux de chocolat.

Dans un saladier, ramollir le beurre avec un fouet, obtenir la texture d'une pommade, ajouter le sucre glace, mélanger, incorporer le blanc d'œuf. Mélanger à nouveau, puis ajouter la farine et le cacao préalablement tamisés. À l'aide d'une cuillère à café, former des petits tas de pâte à tulipe sur une plaque du four légèrement beurrée. Cuire dans un four à 200 °C (th. 6-7) pendant 5 à 10 minutes. Sortir du four, décoller la pâte de la plaque et former une tulipe irrégulière dans un petit bol. Réserver.

Égoutter les minipoires, les couper en deux puis les poser sur un papier absorbant. Réserver.

Dans une casserole, faire bouillir 10 cl d'eau et le sucre puis cuire jusqu'à l'obtention d'un caramel clair. Laisser reposer celui-ci 2 minutes. Tremper les demi-poires une à une aux deux tiers dans le caramel. Égoutter. Poser sur une feuille de papier sulfurisé. Laisser refroidir. Réserver.

Dans un saladier, fouetter la crème fraîche froide jusqu'à l'obtention d'une crème Chantilly souple. Ajouter le sucre glace et le cacao. Mélanger.

Assemblage du dessert : à l'aide d'une poche à douille unie, garnir les tulipes chocolat d'une belle rosace de crème Chantilly au chocolat. Poser au centre les demi-poires caramélisées. Décorer de quelques copeaux de chocolat.

ESPUMAS AU CHOCOLAT AMER ET À LA MENTHE

POUR 6 PERSONNES

Facile / Préparation : 10 min

Repos : 1 h 05 min / Cuisson : 10 min

INGRÉDIENTS

- 40 cl de crème fraîche liquide
- 90 g de sucre glace
- 60 g de cacao amer en poudre
- 8 feuilles de menthe.

Dans une casserole, faire chauffer 20 cl de crème fraîche, le sucre glace, le cacao en poudre et les feuilles de menthe (garder un peu de cacao et de menthe pour la décoration). Laisser infuser 5 minutes. Ajouter le restant de crème fraîche. Mélanger. Filtrer au travers d'une fine passoire. Verser dans la cuve du siphon. Refermer la cuve. Placer au réfrigérateur 1 heure.

Injecter une cartouche de gaz dans le siphon. Agiter une dizaine de fois, retourner la buse de celle-ci vers le bas. Actionner la gâchette. Presser et remplir les petits verres d'espumas au chocolat amer et à la menthe. Saupoudrer de cacao en poudre. Décorer de feuilles de menthe.

DENTELLES ORANGE-
GRUÉ DE CACAO

DENTELLES ORANGE-GRUÉ DE CACAO

POUR 6 PERSONNES

Facile / Préparation : 20 min / Cuisson : 15 min

INGRÉDIENTS

- 100 g de jus d'orange pressée
- 110 g de sucre en poudre
- 2 cuil. à soupe de miel
- 80 g de beurre
- 100 g d'amandes effilées
- 1 cuil. à soupe de farine
- 25 g de chocolat noir à 64 % de cacao.

Dans une casserole, faire fondre et bouillir le jus d'orange, le sucre, le miel et le beurre.

Hors du feu, incorporer les amandes effilées et la farine, mélanger délicatement.

Après complet refroidissement, ajouter le chocolat haché finement puis mélanger. Sur une plaque de cuisson, déposer des petits tas de pâte à l'aide d'une cuillère à café, aplatir légèrement. Cuire au four à 180 °C (th. 6) pendant 8 à 10 minutes. Sortir du four et laisser refroidir.

IL EST POSSIBLE DE DÉPOSER LES DENTELLES À LA SORTIE DU FOUR SUR UN ROULEAU À PÂTISSERIE AFIN DE LEUR DONNER UNE FORME ONDULÉE.

MACARONS BIJOUX AUX PÉPITES DE CARAMEL

POUR 12 PERSONNES

Difficile / Préparation : 1 h 15 min

Repos : 3 h / Cuisson : 35 min

PÂTE SABLÉE CARAMEL

• 75 g de beurre • 150 g de farine • 60 g de sucre glace • 1 cuil. à soupe de poudre d'amande • 1/2 œuf • 1 cuil. à soupe de caramel liquide • Une pincée de sel.

MACARONS CHOCOLAT

• 3 blancs d'œufs • 1 cuil. à soupe de sucre en poudre • 1/2 cuil. à café de jus de citron • 225 g de sucre glace • 125 g de poudre d'amande • 1 cuil. à soupe de cacao amer en poudre • 150 g de cassonade • Une pincée de sel.

GANACHE CARAMEL

• 150 g de sucre en poudre • 25 cl de crème fraîche liquide • 150 g de chocolat au lait • 30 g de beurre.

DÉCOR • 4 minipoires

Dans un saladier, malaxer le beurre à la main, ajouter la farine, le sucre glace, la poudre d'amande préalablement tamisés puis le sel. Mélanger afin d'obtenir une texture qui ressemble à du sable. Incorporer le demi-œuf préalablement battu. Verser le caramel liquide. Mélanger : la pâte doit être lisse. Envelopper celle-ci dans un film alimentaire. Mettre au réfrigérateur 2 heures au minimum.

Étendre la pâte à 3 cm d'épaisseur puis détailler des disques de 5 cm de diamètre. Poser ceux-ci sur une plaque du four recouverte de papier sulfurisé. Laisser reposer 30 minutes au réfrigérateur, puis cuire au four à 170 °C (th. 5-6) pendant 15 minutes. Sortir du four, laisser refroidir, réserver.

Dans un saladier, monter les blancs d'œufs en neige avec le sucre en poudre, le sel et le jus de citron jusqu'à ce qu'ils soient bien fermes. Verser le mélange sucre glace et poudre d'amande préalablement tamisés et cacao en poudre sur les blancs d'œufs en neige. Mélanger vigoureusement à l'aide d'une spatule. La pâte à macarons doit être lisse et brillante.

À l'aide d'une poche munie d'une douille lisse, former des demi-boules de 5 cm de diamètre sur une plaque de four recouverte d'une feuille de papier sulfurisé. Saupoudrer les macarons de cassonade. Laisser reposer 15 minutes.

Cuire dans un four à 150 °C (th. 5) pendant 12 minutes. Sortir du four et verser un peu d'eau en dessous de la feuille de papier sulfurisé. Laisser refroidir et décoller délicatement les macarons. Réserver.

Dans une casserole, faire fondre le sucre sur un petit feu jusqu'à l'obtention d'un caramel à la couleur prononcée. Hors du feu, ajouter la crème bouillante en plusieurs fois, mélanger. Filtrer au travers d'une passoire sur le chocolat préalablement haché. Mélanger à nouveau. Incorporer le beurre. Couvrir d'un film alimentaire et laisser refroidir.

Finition des macarons bijoux : à l'aide d'une poche à douille lisse, garnir de ganache caramel les macarons chocolat et les coller deux à deux à la verticale. Placer un joli quartier de minipoire à la base de chaque disque de pâte sablée et entre les deux macarons.

CE DESSERT PEUT S'ACCOMPAGNER D'UNE CRÈME ANGLAISE À LA VANILLE.

COQUETIERS AU CHOCOLAT, MOUILLETTES CRAQUANTES DE PAIN D'ÉPICE

POUR 6 PERSONNES

Très facile / Préparation : 25 min

Repos : 2 heures / Cuisson : 10 min

INGRÉDIENTS

- **40 cl de crème fraîche liquide**
- **10 cl de lait**
- **4 jaunes d'œufs**
- **2 cuil. à soupe de sucre en poudre**
- **70 g de chocolat noir à 64 % de cacao**
- **60 g de chocolat au lait**
- **60 g de chocolat blanc.**

MOUILLETTES CRAQUANTES DE PAIN D'ÉPICE

- **6 tranches de pain d'épice**
- **1 cuil. à soupe de beurre**
- **1 cuil. à soupe de miel.**

Préparation des crémeux : dans une casserole, faire bouillir la crème et le lait. Battre les jaunes d'œufs avec le sucre. Puis verser la crème et le lait. Mélanger. Verser dans la casserole. À l'aide d'une spatule, remuer et cuire à feu doux jusqu'à ce que la crème épaississe. Filtrer au travers d'une fine passoire. Diviser la quantité de crème en trois. Verser séparément sur chaque chocolat préalablement haché. Mélanger. Recouvrir d'un film plastique et laisser refroidir au réfrigérateur 2 heures.

Préparer les mouillettes : couper les tranches de pain d'épice en fines lanières (environ 1 cm). Dans une poêle, faire fondre le beurre et le miel. Ajouter les lanières de pain d'épice. Les rôtir légèrement de chaque côté.
Les déposer sur un papier absorbant et les laisser refroidir.

Finition : dans de belles assiettes, disposer 3 coquetiers. Les remplir de crémeux différents. Placer harmonieusement au centre les mouillettes craquantes de pain d'épice.

À DÉFAUT D'UN NOMBRE SUFFISANT DE COQUETIERS, ON PEUT UTILISER DES RAMEQUINS OU DES VERRINES.

COMPOTE D'AUTOMNE, SAUCE CHOCOLAT, PIGNONS DE PIN CARAMÉLISÉS

POUR 4 PERSONNES

Facile/ Préparation : 45 min / Cuisson : 20 min

POUR LA COMPOTE

- 3 pommes royal gala
- 1 citron
- 6 pruneaux d'Agen
- 6 figues sèches
- 150 g de sucre en poudre
- 1 cuil. à soupe de miel
- 1 cuil. à café de cannelle
- Une pincée de quatre-épices.

SAUCE CHOCOLAT

- 13 cl de lait
- 12 cl de crème fraîche liquide
- 1 cuil. à soupe de miel
- 100 g de chocolat noir à 70 % de cacao.

PIGNONS DE PIN CARAMÉLISÉS

- 3 cuil. à soupe de sucre en poudre
- 80 g de pignons de pin
- 1 cuil. à café de beurre.

Éplucher les pommes, les épépiner, les couper en gros cubes ; arroser de jus de citron. Dénoyauter les pruneaux, les couper en six, ainsi que les figues. Dans une casserole, faire bouillir 30 cl d'eau, le sucre, le miel, la cannelle et le quatre-épices. Sur un petit feu, verser les pommes dans le sirop d'épices pendant environ 3 à 4 minutes. Ajouter les pruneaux et les figues. Poursuivre la cuisson 1 minute. Égoutter la compote, laisser refroidir, couvrir d'un film alimentaire. Réserver.

Préparer la sauce chocolat : dans une casserole, faire bouillir le lait, la crème fraîche et le miel. Verser sur le chocolat préalablement haché, mélanger afin d'obtenir une sauce lisse et brillante.

Faire bouillir dans une casserole le sucre et 2 cuillerées à soupe d'eau pendant 1 minute. Verser les pignons de pin puis mélanger jusqu'à caramélisation. Hors du feu, ajouter le beurre pour séparer les pignons de pin. Laisser refroidir.

Finition : dresser dans de petites verrines de la compote d'automne. Napper soigneusement de sauce chocolat puis déposer quelques pignons de pin caramélisés.

IL EST PRÉFÉRABLE DE PRÉPARER LES VERRINES À L'AVANCE PUIS DE LES RÉFRIGÉRER. NAPPER DE SAUCE CHOCOLAT CHAUDE AU DERNIER MOMENT.

SAINT-ÉMILION
AU CHOCOLAT, PAGE 96

NIDS DE POMMES,
CŒUR CHOCOLAT, PAGE 97

CARPACCIO DE FRUITS EXOTIQUES

POUR 4 PERSONNES

Très facile / Préparation : 35 min

Repos : 1 h 15 min / Cuisson : 5 min

INGRÉDIENTS

- 1 citron vert
- 1 ananas Victoria
- 1 mangue
- 2 kiwis
- 1/2 cuil. à café de quatre-épices
- 100 g de sucre en poudre
- 1 bouquet de coriandre
- 1 bouquet de menthe
- 1/2 grenade.

CRÈME CHOCOLAT MOUSSEUSE

- 70 g de chocolat noir à 64 % de cacao
- 5 jaunes d'œufs
- 80 g de sucre en poudre
- 5 cl de marsala
- 15 cl de crème fraîche liquide.

Préparer le zeste de 1 citron vert. Éplucher l'ananas, la mangue et les kiwis. Ôter le cœur de l'ananas, le noyau de la mangue. Couper l'ensemble des fruits en tranches très fines.
Disposer les fruits tout autour de belles assiettes. Saupoudrer légèrement de quatre-épices et arroser du jus du citron vert. Mettre au réfrigérateur 1 heure au minimum.

Dans une casserole, faire bouillir 15 cl d'eau et le sucre, ajouter le zeste de citron, la coriandre et les feuilles de menthe. Laisser infuser 15 minutes. Filtrer au travers d'une fine passoire. Réserver au frais.

Hacher le chocolat puis faire fondre au micro-ondes. Réserver.

Dans un saladier, mélanger les jaunes d'œufs avec le sucre. Placer le mélange dans un bain-marie d'eau chaude.
Continuer de fouetter jusqu'à ce que le mélange atteigne une température de 50 °C. Ajouter le chocolat fondu.

Hors du feu, continuer à battre vigoureusement avec un batteur électrique. Incorporer progressivement le marsala. Battre jusqu'à l'obtention d'une préparation mousseuse. Ajouter la crème fraîche préalablement montée en chantilly souple.

Finition : sortir les assiettes de carpaccio, badigeonner les fruits de l'infusion à l'aide d'un pinceau alimentaire. Placer au centre une coupelle de crème mousseuse chocolat. Décorer de quelques zestes de citron vert et de grains de grenade.

TRÉSOR DES ÎLES AUX ÉCLATS DE NOUGATINE

POUR 8 PERSONNES

Difficile / Préparation : 1 h

Repos : 24 h / Cuisson : 10 min

BISCUIT MACARON COCO-AMANDES

• 2 blancs d'œufs • 65 g de sucre en poudre • 55 g de sucre glace • 1 cuil. à soupe de poudre d'amande • 1/2 cuil. à soupe de farine • 35 g de noix de coco râpée • Sucre glace.

NOUGATINE

• 100 g de miel • 130 g de sucre en poudre • 1 cuil. à café de beurre • 90 g d'amandes effilées.

CRÈME CHOCOLAT BLANC

• 30 cl de crème fraîche liquide • 90 g de chocolat blanc.

COULIS EXOTIQUE

• 150 g de jus de fruits exotiques • 1 cuil. à soupe de sucre en poudre • 1 feuille de gélatine.

8 physalis.

À l'aide d'un batteur électrique, monter les blancs et le sucre en poudre, bien fermes, ajouter le mélange sucre glace, poudre d'amande, farine, noix de coco râpée. Mélanger délicatement.
À l'aide d'une poche à douille lisse, former des demi-boules de 4 cm de diamètre puis des petits bâtons de 4 cm de longueur, sur une plaque de four recouverte de papier sulfurisé. Saupoudrer de sucre glace. Faire cuire à 160 °C (th. 5-6) pendant 8 à 10 minutes. Sortir du four, laisser refroidir. Réserver.

Dans une casserole, faire fondre 1 cuillerée à soupe d'eau et le miel. Ajouter le sucre, remuer à l'aide d'une spatule, laisser cuire jusqu'à l'obtention d'un caramel clair. Hors du feu, ajouter le beurre, mélanger et incorporer les amandes effilées. Verser la nougatine sur du papier sulfurisé. À l'aide d'un rouleau à pâtisserie, étaler celle-ci très finement. Laisser refroidir. Réserver.

Dans une casserole, faire bouillir la crème, verser le chocolat blanc préalablement haché, mélanger. Couvrir d'un film alimentaire. Mettre au réfrigérateur jusqu'au lendemain.

Dans une casserole, chauffer le jus de fruits exotiques et le sucre sans faire bouillir. Ajouter la feuille de gélatine préalablement ramollie dans l'eau froide et essorée. Mélanger. Réserver.

Finition des verrines : tapisser le fond des verrines d'éclats de nougatine, fouetter la crème au chocolat blanc comme une chantilly. Garnir les verrines à moitié de chocolat blanc, placer une demi-boule de biscuit macaron coco. Regarnir de crème chocolat blanc jusqu'à 0,5 cm en dessous du haut du verre. Finir de remplir avec le coulis exotique. Décorer avec un bâton de biscuit coco et 1 physalis.

GRATINS DE POIRE, SABAYON AU CHOCOLAT

POUR 6 PERSONNES

Facile

Préparation : 40 min

Repos : 2 h

Cuisson : 10 min

FRICASSÉE DE POIRES

- **4 poires**
- **1 cuil. à café de beurre**
- **2 cuil. à soupe de cassonade**
- **1 cuil. à soupe d'alcool de poire.**

SABAYON AU CHOCOLAT

- **50 g de chocolat noir à 64 % de cacao**
- **5 jaunes d'œufs**
- **80 g de sucre en poudre**
- **7 cl de marsala (vin italien)**
- **12 cl de crème fraîche.**

Éplucher les poires, les couper en quartiers puis les épépiner. Dans une poêle, faire fondre le beurre, ajouter les quartiers de poire, saupoudrer de cassonade. Cuire jusqu'à coloration. Hors du feu, ajouter l'alcool puis flamber. Couvrir d'un film alimentaire. Réserver au réfrigérateur 2 heures.

Hacher le chocolat noir puis le faire fondre au micro-ondes. Réserver.

Dans un saladier, mélanger les jaunes d'œufs avec le sucre. Placer le mélange dans un bain-marie d'eau chaude. Continuer à fouetter jusqu'à ce que le mélange atteigne une température de 50 °C environ. Ajouter le chocolat fondu. Hors du feu, continuer à battre vigoureusement avec un batteur électrique. Incorporer progressivement le marsala. Battre jusqu'à l'obtention d'une préparation légère et mousseuse. Puis incorporer la crème fraîche préalablement fouettée en chantilly. Mélanger.

Finition : garnir le fond de ramequins en faïence de poires. Verser le sabayon au chocolat puis gratiner dans un four à 240 °C (th. 8) pendant quelques secondes. Sortir du four, servir de suite.

ON PEUT ACCOMPAGNER CE DESSERT EN PLAÇANT AU CENTRE DES RAMEQUINS UNE BOULE DE SORBET À LA POIRE.

DIPLOMATE

POUR 8 PERSONNES

Facile

Préparation : 40 min

Repos : 30 min

Cuisson : 20 min

BISCUIT CHOCOLAT

- 4 œufs
- 95 g de sucre en poudre
- 45 g de beurre
- 1 cuil. à soupe de farine
- 2 cuil. à soupe de fécule (pomme de terre ou maïs)
- 2 cuil. à soupe de cacao en poudre.

CRÈME DIPLOMATE CHOCOLAT

- 20 cl de lait
- 2 jaunes d'œufs
- 70 g de sucre en poudre
- 2 cuil. à soupe de fécule (pomme de terre ou maïs)
- 70 g de chocolat noir à 62 % de cacao
- 20 cl de crème fraîche liquide.

Séparer les jaunes d'œufs des blancs. Dans un saladier, battre les jaunes avec 50 g de sucre en poudre. Ajouter le beurre fondu et tiède. Réserver.

Dans un second saladier, monter les blancs d'œufs en neige en ajoutant progressivement le restant de sucre. Incorporer le mélange précédent puis la farine, la fécule et le cacao en poudre préalablement tamisés. Mélanger délicatement.
Sur une plaque de four recouverte de papier sulfurisé, poser un cercle à tarte puis verser la pâte à biscuit chocolat. Lisser. Cuire dans un four à 180 °C (th. 6) pendant 15 minutes. Sortir du four, laisser refroidir et décercler. Réserver.

Dans une casserole, faire bouillir le lait. Battre les jaunes d'œufs, le sucre et la fécule. Verser le lait bouillant, mélanger. Reverser dans la casserole. Mélanger à l'aide d'un fouet, cuire à feu doux, amener à ébullition. Hors du feu, incorporer le chocolat préalablement haché. Mélanger. La crème doit être lisse.

Verser la crème dans un saladier, couvrir d'un film alimentaire. Laisser refroidir 30 minutes. À l'aide d'un fouet, monter la crème fraîche en chantilly puis l'incorporer dans la crème précédente.

Finition : à l'aide d'une poche à douille lisse, garnir en forme de marguerite le biscuit chocolat de crème diplomate chocolat. Saupoudrer de cacao en poudre.

VERRINES CRÈME BAILEYS
AU CHOCOLAT, PAGE 108

VERRINES MERINGUÉES
À LA MENTHE
ET AU CHOCOLAT, PAGE 109

FLORESTINE CHOCOLAT

POUR 6 À 8 PERSONNES

Difficile

Préparation : 30 min

Cuisson : 40 min

INGRÉDIENTS

- 350 g de pâte sablée (p. 126).

CROUSTILLANT AMANDES-ORANGES

- 3 écorces d'orange confites
- 50 g de beurre
- 100 g de sucre en poudre
- 4 cl de crème fraîche liquide
- 1 cuil. à soupe de miel
- 95 g d'amandes effilées.

LE CHOCOLAT

- 500 g de chocolat noir à 64 % de cacao.

À l'aide d'un rouleau à pâtisserie, étaler la pâte sablée à 2 mm d'épaisseur, en forme de rectangle de 35 cm sur 30 cm, afin de recouvrir le fond de la plaque du four. Piquer celle-ci à l'aide d'une fourchette. Faire une précuisson dans un four à 160 °C (th. 5-6) pendant 10 minutes. Sortir du four, laisser refroidir. Réserver.

Couper les écorces d'orange confites en petits cubes. Réserver.

Dans une casserole, faire fondre et bouillir le beurre, le sucre en poudre, la crème fraîche et le miel. Hors du feu, ajouter les amandes effilées et les cubes d'orange confite. Mélanger à l'aide d'une spatule. Verser le croustillant sur la pâte sablée précuite. Étaler délicatement avec le dos d'une cuillère à soupe. Cuire au four à 180 °C (th. 6) pendant 15 à 20 minutes. Sortir du four, laisser refroidir 5 minutes puis couper des petits carrés de florestine. Laisser refroidir.

Astuce : si le croustillant durcit trop vite lors de la coupe des petits carrés, repasser 2 minutes dans un four doux.

Mettre le chocolat à fondre et le régler à bonne température. Tremper les petits carrés de florestine en diagonale puis poser sur une feuille de papier sulfurisé. Laisser durcir le chocolat, les décoller délicatement.

CROUSTIFONDANTS AUX POMMES ET AUX NOIX

POUR 8 PERSONNES

Très facile

Préparation : 20 min

Cuisson : 30 min

INGRÉDIENTS

- 1 cuil. à soupe de sucre glace
- 1 cuil. à café de cannelle
- 3 pommes granny smith
- 1 citron
- 190 g de chocolat noir à 64 % de cacao
- 105 g de beurre
- 3 œufs
- 90 g de sucre en poudre
- 85 g de farine
- Une pincée de levure chimique
- 50 g de cerneaux de noix.

Mélanger le sucre glace et la cannelle. Réserver.

Éplucher les pommes, les couper en deux, les évider, les couper en dés de 1 cm puis les arroser de jus de citron. Réserver.

Faire fondre le chocolat au bain-marie. Ajouter le beurre ramolli ou en pommade. Mélanger. Réserver.

Dans un saladier, battre les œufs avec le sucre puis incorporer la préparation précédente. Mélanger à nouveau. Ajouter la farine et la levure chimique préalablement tamisées.

À l'aide d'un pinceau, beurrer des ramequins et les fariner. Tapisser le fond de ceux-ci de pommes. Garnir les ramequins aux trois quarts de pâte. Parsemer de morceaux de pommes et de noix concassées. Saupoudrer du mélange de sucre glace et de cannelle.

Cuire dans un four à 180 °C (th. 6) pendant 25 à 30 minutes. Sortir du four. Démouler. Servir tiède.

CE DESSERT PEUT ÊTRE ACCOMPAGNÉ D'UNE CRÈME ANGLAISE À LA VANILLE.

DES RECETTES

QUI NOUS FONT PASSER POUR

DES « SUPERPÂTISSIÈRES »

QUAND NOUS LES APPORTONS

CHEZ DES AMIS,

SUR NOTRE LIEU DE TRAVAIL,

ETC.

CLASSÉ ULTRACONFIDENTIEL

CLASSÉ ULTRACONFIDENTIEL

SI TOUS LES ENFANTS M'ADORENT, SI LES COPAINS PRÉFÈRENT PASSER UNE SOIRÉE CHEZ MOI PLUTÔT QUE CHEZ QUELQU'UN D'AUTRE, JE DOIS BIEN L'AVOUER, CE N'EST PAS PAR HASARD. C'EST TOUT SIMPLEMENT PARCE QU'UN BEAU JOUR JE LEUR AI DÉGAINÉ MON ARME SECRÈTE : UNE DE MES-RECETTES-AU-CHOCOLAT-QUI-DÉCHIRENT-TOUT.

Ces recettes, je les ai soit héritées de mes aïeux, soit patiemment mises au point à force d'expérimentations et de dosages méticuleux. Ces recettes, personne d'autre que moi ne les connaît. Et personne d'autre que moi ne les connaîtra.
Pourquoi je les garde secrètes ? Mais parce que ce sont des recettes qui me permettent d'acheter l'amour des uns et l'estime des autres, des recettes qui font de moi une pâtissière d'exception. Alors, autant dire que, même sous la menace, même sous la torture, je ne les donnerais sous aucun prétexte.
Et, pourtant, si vous saviez à quel point on me les a mendiées, suppliées à genoux, savamment négociées, réclamées avec force et violence ! Mais jamais je n'ai cédé. JAMAIS !
Cela dit, parce qu'il ne faut surtout pas qu'elles disparaissent – ce serait trop dommage –, je me suis résolue à les noter. Elles se trouvent derrière cette page.

Ah oui, au fait, j'oubliais de vous préciser que les pages qui suivent sont protégées par un code secret ! Sans ce sésame, vous n'y avez pas accès. Hé hé, pas folle, la guêpe ! Bon, je vous donne un petit indice : on peut le trouver sous forme de tablettes. Hein ? Quoi ? Vous avez trouvé le code ? Oh, non... mes recettes top secret !

QUAND ON N'A PAS ENVIE DE PASSER LA JOURNÉE EN CUISINE...

Vous avez remarqué comme la tendance actuelle nous pousse à préparer des plats de chefs ? Des associations toujours plus recherchées, des techniques autrefois destinées aux seuls pros aujourd'hui vulgarisées pour le grand public (les macarons, par exemple), des présentations rivalisant avec les « 3 étoiles », et j'en passe ! Non pas que j'aie quoi que ce soit contre cette tendance, bien au contraire. Mais, parfois, je vous avoue que je me retrouve dans ma cuisine, face à mon fourneau, prise d'une « flemmingite » suraiguë et avec une seule phrase qui m'obsède et passe en boucle dans ma tête : je veux du simple, de l'archisimple ! Vous me comprenez, non ?
Dans ces cas-là, exit toutes les recettes aux titres à rallonge qui laissent augurer un après-midi complet dans la cuisine, des saladiers et des plaques de cuisson en attente aux quatre coins de l'appartement, du chocolat plein le tablier et plein le visage, en d'autres termes un après-midi de lutte acharnée. Je penche plutôt pour de l'enfantin, pour des techniques que je maîtrise les yeux fermés. Typiquement, la pâte à tarte. Alors, cela, même pas peur ! En deux coups de cuillère à pot, elle est préparée et étalée dans le moule (parfois même, dans les cas extrêmes, elle est achetée et c'est encore plus facile et rapide, mais chut !). Pendant qu'elle cuit à blanc, hop, hop, hop ! je prépare la généreuse et soyeuse crème au chocolat. Trop facile ! Et, comme j'aime les contrastes, je me réserve même quelques minutes pour enrober une poignée de noisettes d'un caramel à la fleur de sel bien plus simple à réaliser que le commun des mortels ne se plaît à le croire.

Et voilà comment une grosse flemme se voit récompensée d'une sublime recette que tous les convives apprécient, moi la première, parce que j'ai même eu le temps de m'octroyer une petite sieste avant qu'ils n'arrivent. Que demande le peuple ?

MES PETITS PLUS QUI FONT LA DIFFÉRENCE

BIEN QUE LE CHOCOLAT SE SUFFISE LA PLUPART DU TEMPS À LUI-MÊME, FORCE EST DE CONSTATER QUE CERTAINS AJOUTS LUI VONT À MERVEILLE. DES PETITS PLUS QUI LE RENDENT SURPRENANT, ÉPATANT, BREF, QUI LE RENDENT VÉRITABLEMENT INOUBLIABLE. ET, CELA TOMBE BIEN, C'EST NOTRE OBJECTIF : RENDRE NOS RECETTES AU CHOCOLAT INOUBLIABLES AUX YEUX DES ÉLUS QUI Y GOÛTERONT !

LA FLEUR DE SEL Ou comment mettre les papilles en branle.
« Quoi ? Du sel dans un dessert ? » s'écriront certains. Eh bien, oui ! Et plutôt deux fois qu'une, même ! Le sel – ce n'est un secret pour personne – est un exhausteur de goût. Et, lorsqu'il rencontre la suavité du chocolat, on assiste à une véritable explosion de saveurs. Quelques petits grains de fleur de sel au sommet d'une mousse au chocolat noir, sur un petit pot de crème « chocolactée », sur un coulant au chocolat tout chaud..., il n'en faut pas plus pour donner toute sa dimension au dessert, pour le dépoussiérer. Voilà, c'est ça : la fleur de sel, c'est la lingette dépoussiérante du chocolat !

LES ÉPICES Ou comment découvrir le chocolat sous un jour nouveau.
Peut-être parce qu'il vient lui-même de contrées exotiques, le chocolat aime les épices. Toutes les épices sans exception. Vous avez coutume de le marier à la vanille et à la cannelle. C'est bien. Mais il va falloir vous dérider un peu. Rien de bien méchant, rassurez-vous, juste de quoi mettre vos sens en émoi. Car n'est-ce pas ce que l'on attend de la dégustation d'une gourmandise chocolatée ? Si vous êtes quelque peu timoré, commencez doucement. Première étape : ajoutez à la vanille et à la cannelle de votre chocolat chaud une bonne pincée de muscade. Ils le font dans les îles, et Dieu sait qu'ils s'y connaissent, là-bas, dans l'art et la manière d'utiliser les épices. Vous pouvez donc leur faire confiance et y aller les yeux fermés. Ceci fait, vous serez prêt à jouer avec le gingembre, la cardamome, le quatre-épices, le poivre (Sichuan, long, cubèbe...), voire le piment d'Espelette. N'oubliez pas non plus la très appréciée et très parfumée fève Tonka, à râper à l'envi dans toutes les préparations chocolatées. De quoi transformer vos recettes les plus simples en véritables bombes atomiques !

LE CAFÉ Ou comment transformer un dessert tout bête en dessert intense.
Je n'invente rien : la force et l'amertume du café s'allient à merveille à la douceur ronde du chocolat. D'ailleurs, moi, cela me rend d'humeur massacrante pour la journée si mon expresso n'est pas servi avec le petit carré de choc' qui va bien avec. Bref, tout cela pour dire que ces deux-là font la paire et qu'il suffit d'ajouter quelques gouttes d'extrait de café à une recette au chocolat noir pour lui donner une profondeur, une intensité envoûtantes.

LA SOIRÉE QUI FINIT CHOCOLAT

PREMIER DÎNER EN TÊTE À TÊTE AVEC PAULO. JE ME SOUVIENS, J'AVAIS PASSÉ LA JOURNÉE EN CUISINE, JE M'ÉTAIS MIS UNE PRESSION D'ENFER !

Heureusement, j'avais demandé conseil à Madeleine, ma copine qui gère les premiers rendez-vous comme personne et à laquelle aucun homme n'a jamais su résister. Parmi ses conseils avisés, un avait particulièrement retenu mon attention : le chocolat, c'est sensuel, limite aphrodisiaque.

LE TRAVAIL DU CHOCOLAT

C'EST UN TRAVAIL TRÈS DÉLICAT : IL DEMANDE AU PROFESSIONNEL UN GRAND NOMBRE DE CONNAISSANCES TECHNIQUES ET PRATIQUES, AINSI QUE CERTAINES PRÉCAUTIONS INDISPENSABLES POUR LA PLEINE RÉUSSITE DES FABRICATIONS.

LA FONTE

Elle peut se faire à l'étuve, au bain-marie ou dans un bac à tempéreuse, jamais directement sous une flamme. Il est conseillé de casser ou de couper le chocolat en petits morceaux avant de les mettre à fondre.

La température de fonte ne doit pas dépasser :

→ 45 à 50 °C pour le chocolat noir ;
→ 45 à 50 °C pour le chocolat au lait ;
→ 45 °C pour le chocolat blanc.

LE TEMPÉRAGE

C'est la mise au point du chocolat : cette opération a pour but d'obtenir un produit dur et brillant après refroidissement. Après la fonte, le chocolat doit être refroidi à 26-27 °C selon deux méthodes :

→ la première consiste à verser les trois quarts de la masse de chocolat fondu sur un marbre ou un plateau métallique en la travaillant avec une spatule de l'extérieur vers l'intérieur, jusqu'à ce que la masse épaississe. Remettre avec le quart de chocolat chaud restant, remuer pour obtenir une pâte homogène. Réchauffer l'ensemble au bain-marie pour atteindre la température d'utilisation ;

→ la seconde méthode consiste à refroidir le chocolat en incorporant dans la masse fondue de fins morceaux de chocolat. Bien remuer l'ensemble jusqu'à la fonte complète. Réchauffer l'ensemble au bain-marie pour atteindre la température d'utilisation.

Les températures d'utilisation sont :

→ de 28 °C pour le chocolat blanc ;
→ de 30 °C pour le chocolat au lait ;
→ de 32 °C pour le chocolat noir.

TABLEAU D'ÉQUIVALENCE

Sucre en poudre	1 cuil. à soupe = 20 g	1 cuil. à café = 5 g
Farine	1 cuil. à soupe = 20 g	
Lait	1 cuil. à soupe = 10 g	
Eau	1 cuil. à soupe = 10 g	
Cacao en poudre	1 cuil. à soupe = 10 g	
Beurre	1 cuil. à soupe = 20 g	1 cuil. à café = 5 g
Café	1 cuil. à soupe = 5 g	
Fécule	1 cuil. à soupe = 10 g	
Poudre d'amande	1 cuil. à soupe = 20 g	
Miel	1 cuil. à soupe = 20 g	

MILLEFEUILLES DE CHOCOLAT AUX NOISETTES DU PIÉMONT

POUR 8 PERSONNES

Facile / Préparation : 1 h

Repos : 3 h / Cuisson : 25 min

CRÈME CHOCOLAT AU LAIT

- 25 cl de crème fraîche liquide
- 100 g de chocolat au lait.

CRÈME PÂTISSIÈRE AU CHOCOLAT CUITE AU FOUR

- 25 cl de lait
- 2 jaunes d'œufs
- 2 cuil. à soupe de sucre en poudre
- 2 cuil. à soupe de fécule (pomme de terre ou maïs)
- 50 g de chocolat noir à 64 % de cacao.

NOISETTES CARAMÉLISÉES

- 3 cuil. à soupe de sucre en poudre
- 150 g de noisettes émondées
- 1 cuil. à café de beurre.

Dans une casserole, faire bouillir la crème puis verser sur le chocolat au lait préalablement haché. Mélanger. Couvrir d'un film plastique. Mettre au réfrigérateur 3 heures au minimum. Réserver.

Dans une casserole, faire bouillir le lait. Battre les jaunes d'œufs, le sucre et la fécule. Verser le lait bouillant, mélanger, reverser dans la casserole. À l'aide d'un fouet, cuire sur un petit feu, amener à ébullition. Hors du feu, incorporer le chocolat préalablement haché. Mélanger. La crème doit être lisse.

Sur une plaque de four légèrement beurrée, étaler finement la crème pâtissière au chocolat à l'aide d'un couteau. Cuire dans un four à 200 °C (th. 6-7) pendant 10 minutes. Sortir du four, couper des carrés de 7 cm de côté. En préparer 3 pour chaque millefeuille. Laisser refroidir. Réserver.

Cuire dans une casserole le sucre et 2 cuillerées à soupe d'eau à 115 °C. Ajouter les noisettes, mélanger jusqu'à caramélisation. Hors du feu, ajouter le beurre pour séparer les noisettes. Verser sur une feuille de papier sulfurisé. Laisser refroidir.

Finition des millefeuilles : à l'aide d'une poche à douille, garnir le premier carré de crème chocolat au lait, recouvrir du deuxième carré puis à nouveau de crème chocolat au lait. Finir en posant le troisième carré. Saupoudrer partiellement de sucre glace et décorer de noisettes caramélisées.

DIAM'S AU CHOCOLAT

POUR 8 PERSONNES

Facile

Préparation : 15 min / Repos : 2 h 30 min

Cuisson : 12 à 15 min

INGRÉDIENTS

- 200 g de beurre
- 90 g de sucre glace
- 1 cuil. à soupe de cacao en poudre
- 180 g de farine
- 2 œufs
- 170 g de cassonade.

Dans un saladier, malaxer le beurre à l'aide d'un fouet. Ajouter progressivement le sucre glace, la poudre de cacao puis la farine. Réserver 2 heures au réfrigérateur.

Après refroidissement, travailler la pâte à la main de manière à réaliser un boudin de 2,5 à 3 cm de diamètre. Placer celui-ci de nouveau au réfrigérateur pendant 30 minutes.

À l'aide d'un pinceau, dorer le boudin de pâte avec les œufs préalablement battus puis le rouler dans la cassonade. Couper des rondelles d'environ 1 cm d'épaisseur puis déposer les diam's sur la plaque du four recouverte d'une feuille de papier sulfurisé. Cuire 12 à 15 minutes au four à 170 °C (th. 5-6). Laisser refroidir.

PRUNEAUX
SURPRISE

PRUNEAUX SURPRISE

POUR 8 PERSONNES

Facile / Préparation : 45 min

Cuisson : 7 min / Repos : 1 h

INGRÉDIENTS

- 1 kg de pruneaux
- 300 g de chocolat au lait
- 12,5 cl de crème fraîche
- 100 g de glucose • 125 g de miel
- 40 g de beurre • 2 cuil. à soupe de rhum
- 500 g de chocolat noir à 70 % de cacao
- Sucre glace.

Dénoyauter les pruneaux. Filmer et réserver. Hacher le chocolat au lait.

Dans une casserole, faire bouillir la crème, le glucose, le miel et le beurre. Arrivé à ébullition, continuer la cuisson à 114 °C. Puis verser le chocolat. Mélanger et incorporer le rhum. Couvrir avec un film alimentaire.

Après complet refroidissement, soit environ 1 heure, garnir les pruneaux de ganache à l'aide d'une poche à douille lisse. Veiller à bien refermer les pruneaux. Tremper chaque pruneau dans le chocolat noir fondu à l'aide d'une fourchette. On doit mettre une fine couche de chocolat et celui-ci doit être doux (environ 32 °C). Puis les faire rouler tout de suite dans le sucre glace. Les sortir du sucre glace lorsqu'ils sont fermes.

TARTE AU CHOCOLAT, NOISETTES CARAMÉLISÉES À LA FLEUR DE SEL

POUR 8 PERSONNES

Facile / Préparation : 50 min

Repos : 1 h / Cuisson : 50 min

PÂTE SABLÉE

• 120 g de beurre • 200 g de farine • 80 g de sucre glace • 1 cuil. à soupe de poudre d'amande • Une pincée de levure chimique • 1 œuf • Une pincée de sel.

BISCUIT CHOCOLAT

• 30 g de chocolat noir à 64 % de cacao • 2 œufs • 2 cuil. à soupe de sucre en poudre.

NOISETTES CARAMÉLISÉES

• 3 cuil. à soupe de sucre en poudre • 150 g de noisettes émondées • 1 cuil. à café de beurre • Trois pincées de fleur de sel.

LA GANACHE

• 20 cl de crème fraîche liquide • 1 cuil. à soupe de miel • 170 g de chocolat noir à 64 % de cacao • 55 g de beurre.

Dans un saladier, malaxer le beurre à la main, ajouter la farine, le sucre glace, la poudre d'amande, la levure chimique préalablement tamisés puis le sel. Mélanger afin d'obtenir une texture qui ressemble à du sable. Incorporer l'œuf préalablement battu. Mélanger : la pâte doit être lisse. Envelopper celle-ci dans un film alimentaire. Mettre au réfrigérateur 2 heures au minimum.

Étendre la pâte le plus rond possible à 3 mm d'épaisseur. Déposer délicatement la pâte dans un cercle ou moule à tarte préalablement beurré. Placer une feuille de papier sulfurisé à l'intérieur du moule et remplir l'intérieur de haricots secs. Cuire au four à 160 °C (th. 5-6) pendant 25 minutes. Sortir du four, laisser refroidir. Ôter les haricots secs et la feuille de papier sulfurisé.

Hacher finement le chocolat noir puis le faire fondre au bain-marie. Réserver.

À l'aide d'un batteur électrique, monter les jaunes d'œufs et 1 cuillerée à soupe de sucre jusqu'à ce que le mélange soit mousseux. Ajouter le chocolat fondu. Réserver.

Dans un saladier, battre les blancs en neige avec le reste de sucre. Incorporer ceux-ci à la préparation précédente. Mélanger délicatement.

À l'aide d'une poche à douille lisse, dresser en spirale un disque de biscuit sur une plaque du four recouverte d'une feuille de papier sulfurisé (le disque de biscuit doit entrer à l'intérieur de la tarte). Cuire dans un four à 180 °C (th. 6) pendant 10 minutes.

Cuire dans une casserole le sucre et 2 cuillerées à soupe d'eau à 115 °C. Ajouter les noisettes émondées, mélanger jusqu'à caramélisation. Hors du feu, ajouter le beurre et la fleur de sel. Verser sur une feuille de papier sulfurisé. Séparer les noisettes. Laisser refroidir.

Dans une casserole, faire bouillir la crème et le miel.

Verser sur le chocolat noir
préalablement haché.
Mélanger délicatement, incorporer
le beurre coupé en petits morceaux.
Mélanger.

Finition de la tarte au chocolat :
à l'aide d'une petite louche, étaler un
peu de ganache sur le fond de tarte.
Poser le biscuit chocolat délicatement.
Verser le restant
de ganache sur le biscuit. Tapoter
légèrement afin de lisser la tarte.
Mettre la tarte au réfrigérateur
pendant 1 heure au minimum. Décorer
harmonieusement avec les noisettes
caramélisées à la fleur de sel.

CRUMBLE AUX POMMES ET AU CHOCOLAT

POUR 6 PERSONNES

Très facile

Préparation : 30 min

Cuisson : 25 min

INGRÉDIENTS

- **5 pommes reine des reinettes**
- **2 citrons**
- **50 g de beurre**
- **100 g de cassonade**
- **2 cuil. à soupe de calvados**
- **Sucre glace.**

PÂTE À CRUMBLE

- **120 g de beurre**
- **100 g de sucre en poudre**
- **130 g de farine**
- **2 cuil. à soupe de cacao en poudre.**

Éplucher les pommes, les épépiner, les couper en petits dés et les arroser de jus de citron. Dans une poêle, faire fondre le beurre. Ajouter les pommes puis la cassonade. Cuire 8 à 10 minutes (les pommes doivent être dorées). Hors du feu, ajouter le calvados puis flamber. Réserver.

Dans un saladier, mélanger le beurre coupé en petits cubes avec le sucre puis ajouter la farine et le cacao en poudre. Mélanger l'ensemble à la main. De petits morceaux de pâte doivent se former. Dans de petits ramequins, disposer les pommes poêlées puis saupoudrer de pâte à crumble. Cuire au four pendant 10 minutes à 200 °C (th. 6-7). Sortir du four, laisser refroidir. Saupoudrer légèrement de sucre glace.

ON PEUT REMPLACER LES POMMES PAR DES BANANES, DES POIRES...

CAKE CHOCO-MANGO

POUR 8 PERSONNES

Très facile

Préparation : 20 min / Cuisson : 45 min

INGRÉDIENTS

- 1 mangue fraîche
- 150 g de beurre
- 140 g de sucre en poudre
- 3 œufs
- 100 g de chocolat à 70 % de cacao
- 175 g de farine
- 1/2 sachet de levure chimique
- Une pincée de sel.

Éplucher et couper la mangue en petits dés. Réserver.

Dans un saladier, mettre le beurre en pommade, ajouter le sucre, le sel et mélanger avec un fouet. Incorporer les œufs, mélanger, incorporer le chocolat préalablement fondu et tiède, mélanger à l'aide d'une spatule. Ajouter la farine et la levure chimique tamisées puis les dés de mangue. Mélanger délicatement.

Verser la pâte dans un moule à cake préalablement beurré et fariné. Cuire à 170 °C (th. 5-6) pendant 40 minutes. Sortir du four, démouler et laisser refroidir sur une grille.

FONDANT AU CHOCOLAT AU QUATRE-ÉPICES

POUR 6 PERSONNES

Très facile / Préparation : 15 min / Cuisson : 45 min

INGRÉDIENTS

• 3 œufs • 75 g de beurre • 110 g de chocolat noir à 64 % de cacao • 5 cl de lait • 110 g de sucre en poudre • 4 cuil. à soupe de farine • 2 cuil. à café de quatre-épices • 3 cuil. à soupe de poudre de noisette.

Séparer les blancs d'œufs des jaunes. Dans une casserole, faire fondre à feu doux le beurre, le chocolat noir haché et le lait. Hors du feu, ajouter les jaunes d'œufs et 80 g de sucre en poudre. Mélanger au fouet. Incorporer la farine préalablement tamisée, les épices et la poudre de noisette. Mélanger à nouveau avec une spatule.

Dans un saladier, monter les blancs en neige avec le restant de sucre. Les incorporer progressivement au mélange précédent. Verser la préparation dans un moule à manqué ou un autre moule. Cuire dans un four à 170 °C (th. 5-6) pendant 40 minutes. Sortir du four, laisser refroidir et démouler.

CE GÂTEAU PEUT ÊTRE SERVI AVEC UNE BOULE DE GLACE À LA VANILLE OU AU CAFÉ.

PANNACOTTA AU CHOCOLAT BLANC, COMPOTÉE DE FRAMBOISES

POUR 10 PERSONNES

Facile / Préparation : 30 min

Repos : 1 h 40 min / Cuisson : 20 min

GELÉE DE VERVEINE

• 2 cuil. à soupe de sucre en poudre
• 15 feuilles de verveine • 10 feuilles de menthe • 1 feuille de gélatine.

COMPOTÉE DE FRAMBOISES

• 250 g de framboises fraîches
• 2 cuil. à soupe de sucre en poudre
• 1 gousse de vanille
• 2 cuil. à soupe d'alcool de framboises.

PANNACOTTA CHOCOLAT BLANC

• 2 feuilles de gélatine • 30 cl de crème fraîche liquide • 165 g de chocolat blanc.

DÉCOR

• Feuilles de verveine
• Framboises fraîches.

Dans une casserole, faire bouillir 15 cl d'eau et le sucre. Ajouter les feuilles de verveine et les feuilles de menthe. Laisser infuser pendant 10 minutes.

Filtrer au travers d'une passoire. Porter l'infusion à ébullition pendant 2 minutes puis ajouter la gélatine préalablement ramollie dans l'eau froide et essorée. Mélanger. Dans le fond de petits verres, verser de la gelée verveine-menthe. Mettre au réfrigérateur 1 heure au minimum. Réserver.

Dans une poêle, cuire à feu très doux les framboises, le sucre et la gousse de vanille, fendue et grattée, jusqu'à l'obtention d'une compotée. Les framboises doivent être entières. Déglacer avec l'alcool de framboises. Laisser refroidir. Réserver.

Tremper et laisser ramollir la gélatine dans l'eau froide, égoutter. Réserver.

Dans une casserole, faire bouillir la crème fraîche. Verser sur le chocolat blanc préalablement haché. Mélanger. Ajouter la gélatine essorée. Placer au frais 30 minutes. Réserver.

Finition du dessert : sortir les verres du réfrigérateur, remplir modérément de compotée de framboises. À l'aide d'une petite louche, verser la pannacotta 1 cm en dessous du haut des verres. Décorer de feuilles de verveine puis de framboises fraîches.

TIRAMISU AU CHOCOLAT

POUR 8 PERSONNES

Facile / Préparation : 50 min

Repos : 3 h / Cuisson : 10 min

BISCUIT CAFÉ

• 4 œufs • 1 cuil. à café de café soluble
• 110 g de sucre en poudre • 50 g de farine.

SIROP CAFÉ

• 20 cl de café maison
• 2 cuil. à soupe de sucre en poudre.

GANACHE CHOCOLAT CAFÉ

• 12 cl de crème fraîche liquide • 1 cuil. à café de miel • Trois pincées de café soluble
• 130 g de chocolat au lait • 10 g de chocolat noir à 64 % de cacao • 30 g de beurre.

CRÈME MASCARPONE

• 35 cl de crème fraîche liquide • 250 g de mascarpone • 75 g de crème fraîche épaisse
• 170 g de sucre en poudre • 5 jaunes d'œufs.

DÉCOR

• Cacao en poudre.

Dans un saladier, fouetter 2 jaunes d'œufs, 2 œufs entiers, le café soluble et 60 g de sucre en poudre jusqu'à ce que le mélange blanchisse. Ajouter les blancs montés en neige avec le restant du sucre puis la farine. Mélanger délicatement. Étaler le biscuit café sur une feuille de papier sulfurisé placée sur une plaque de four. Réaliser un rectangle de 30 cm sur 25 cm. Cuire au four à 200 °C (th. 6-7) pendant 8 minutes. Sortir du four et laisser refroidir. Réserver.

Mélanger le café maison avec le sucre en poudre. Réserver.

Dans une casserole, faire bouillir la crème, le miel et le café soluble. Verser sur les chocolats préalablement hachés. Mélanger délicatement. Incorporer le beurre coupé en petits morceaux. Couvrir d'un film alimentaire sur la ganache. Laisser refroidir à température ambiante.

Fouetter la crème fraîche liquide en chantilly. Réserver.

Dans un saladier, mélanger le mascarpone et la crème fraîche épaisse.

Dans une casserole, faire bouillir 6 cl d'eau et le sucre. Verser sur les jaunes. Fouetter à l'aide d'un batteur électrique jusqu'à l'obtention d'un mélange mousseux. Verser celui-ci dans la crème mascarpone et crème épaisse. Mélanger, puis incorporer la crème fouettée. Mélanger.

Finition : décoller le biscuit café de la feuille de papier sulfurisé puis le couper en deux. À l'aide d'un pinceau, imbiber de sirop café. Dans un plat en faïence, déposer successivement le biscuit café, la ganache café, le biscuit café et la crème mascarpone. Lisser avec le dos d'un couteau. Mettre au réfrigérateur 3 heures au minimum. Saupoudrer de cacao en poudre au moment de servir.

SORBET CACAO AUX NOIX DE PÉCAN

POUR 6 PERSONNES

Très facile

Préparation : 10 min

Cuisson : 10 min

INGRÉDIENTS

- 150 g de noix de pécan
- 250 g de sucre à confiture
- 75 g de cacao en poudre
- 60 g de miel.

Faire griller légèrement les noix de pécan au four à 180 °C (th. 6) pendant 5 minutes. À la sortie du four, laisser refroidir, les concasser légèrement à l'aide d'un rouleau à pâtisserie.

Dans une casserole, chauffer 85 cl d'eau sans faire bouillir puis verser le sucre et le cacao. Mélanger vivement, ajouter le miel, amener l'ensemble à ébullition.
Passer à travers une petite passoire puis laisser refroidir.
Le mélange froid, faire durcir dans une sorbetière.
Le sorbet cacao obtenu, incorporer les noix de pécan puis mélanger.

SORBET CACAO
AUX NOIX DE PÉCAN

MADELEINES AU CHOCOLAT ET AU MIEL

POUR 6 À 8 PERSONNES

Très facile / Préparation : 15 min

Cuisson : 30 min / Repos : 15 min

INGRÉDIENTS

• 3 œufs • 200 g de sucre glace • 180 g de farine • 1/3 de sachet de levure chimique • 2 cuil. à soupe de lait • 50 g de miel • 115 g de beurre • 2 cuil. à soupe de cacao en poudre amer • Une pincée de sel.

Dans un saladier, battre les œufs, incorporer le sucre glace, le sel, la farine et la levure. Mélanger l'ensemble, incorporer le lait et le miel préalablement chauffés. Laisser reposer 30 minutes. Faire fondre le beurre puis le cuire jusqu'à l'obtention d'une couleur noisette. L'incorporer tiède dans la pâte. Mélanger. Prélever un tiers de la pâte puis ajouter le cacao amer.

À l'aide d'un pinceau, beurrer les moules à madeleines. Se munir d'une poche à douille lisse puis garnir aux deux tiers de pâte à madeleines au miel. Avec une autre poche à douille lisse, ajouter au centre une boule de pâte à madeleines au chocolat.

Cuire au départ dans un four chaud à 210 °C (th. 7) pendant 3 minutes puis redescendre la température du four à 180 °C (th. 6). Poursuivre la cuisson 5 à 6 minutes. Sortir du four et démouler immédiatement.

TARTE HALLOWEEN

POUR 8 PERSONNES

Facile / Préparation : 45 min

Repos : 1 h 45 min / Cuisson : 50 min

- 250 g de pâte sablée (p. 126).

COMPOTE DE POTIRON

- 3 écorces d'orange confites
- 300 g de potiron épluché
- 1 œuf + 1 jaune
- 90 g de sucre en poudre
- 15 cl de crème fraîche liquide
- 20 g de beurre
- Une pincée de cannelle.

CRÈME CHOCOLAT NOIR

- 1 feuille de gélatine
- 20 cl de crème fraîche liquide
- 60 g de chocolat noir à 64 % de cacao.

DÉCOR

- Copeaux de chocolat blanc
- Cacao en poudre.

Préparer un fond de tarte en pâte sablée. Ne pas cuire, réserver.

Hacher les écorces d'orange en petits morceaux. Éplucher le potiron, couper en petits morceaux. Dans une casserole, cuire à feu doux le potiron avec 15 cl d'eau jusqu'à ce qu'il soit fondant et réduit en compote. Réserver. Dans un saladier, à l'aide d'un fouet, battre les œufs, le sucre et la crème fraîche. Ajouter le beurre préalablement fondu et la cannelle. Mélanger. Incorporer la compote de potiron et les écorces d'orange hachées, mélanger à nouveau.
La verser sur le fond de tarte. Cuire dans un four à 180 °C (th. 6) pendant 35 minutes. Sortir du four. Laisser refroidir et démouler.

Faire tremper et ramollir la gélatine dans de l'eau froide et réserver.

Dans une casserole, faire bouillir la crème fraîche.
Verser sur le chocolat préalablement haché. Mélanger délicatement. Placer au congélateur 45 minutes.

À l'aide d'un batteur électrique, monter cette crème en chantilly. Incorporer la gélatine préalablement fondue au micro-ondes. Mélanger. Sur une plaque de four recouverte d'une feuille de papier sulfurisé, placer un petit cercle puis verser la chantilly au chocolat. Lisser avec le dos d'un couteau. Placer au congélateur 1 heure.

Finition : décercler le disque de crème Chantilly au chocolat puis déposer celui-ci au centre de la tarte au potiron. Décorer de copeaux de chocolat blanc. Saupoudrer de cacao en poudre.

CRÉPINETTES À LA CONFITURE DE MELON

POUR • PERSONNES

Très facile

Préparation : 30 min

Repos : 2 h

Cuisson : 45 min

INGRÉDIENTS

- **3 œufs**
- **2 cuil. à soupe de cassonade**
- **220 g de farine**
- **2 cuil. à soupe de cacao en poudre**
- **50 cl de lait**
- **50 g de beurre**
- **1 cuil. à soupe d'huile.**

CONFITURE DE MELON

- **3 melons**
- **800 g de sucre à confiture**
- **2 citrons.**

Les crépinettes : dans un saladier, battre les œufs avec la cassonade. Ajouter la farine avec le cacao en poudre. Mélanger. Incorporer progressivement le lait, le beurre préalablement fondu et l'huile. Mélanger. Couvrir avec un film alimentaire. Laisser reposer pendant 2 heures.

Dans une petite poêle antiadhésive (de diamètre 20 cm), faire fondre un petit morceau de beurre et verser une petite louche de pâte à crêpes. Laisser cuire quelques minutes. Couvrir l'ensemble des crêpes avec du papier d'aluminium pour conserver le moelleux.

Couper, épépiner les melons afin de récupérer 1 kg de chair. Dans une casserole ou une bassine à confiture, mettre la chair de melon avec le sucre et le jus des citrons. Amener à ébullition tout en remuant. À partir de ce moment, cuire environ 8 à 12 minutes. Verser quelques gouttes de confiture sur une assiette fraîche, celle-ci doit couler doucement, signe d'une bonne cuisson. Écumer et mettre en verrines.

NAPPER LES CRÉPINETTES DE CONFITURE DE MELON QUAND CELLES-CI SONT ENCORE TIÈDES.

VELOUTÉ AU CHOCOLAT ET GRELOTS AU SÉSAME

POUR 6 PERSONNES

Très facile / Préparation : 45 min

Repos : 1 h / Cuisson : 1 h 5 min

MERINGUE CHOCOLAT SÉSAME

- **3 blancs d'œufs**
- **140 g de sucre glace**
- **1 cuil. à soupe de sucre en poudre**
- **2 cuil. à soupe de cacao en poudre**
- **50 g de sésame.**

VELOUTÉ CHOCOLAT

- **50 cl de lait**
- **100 g de chocolat noir à 64 % de cacao**
- **4 jaunes d'œufs**
- **80 g de sucre en poudre**
- **2 bananes.**

DÉCOR

- **Cacao en poudre**
- **Bananes séchées.**

Dans un saladier, monter les blancs d'œufs en neige avec 60 g de sucre glace puis ajouter progressivement le sucre en poudre. Lorsque les blancs sont bien fermes, incorporer le restant de sucre glace et le cacao en poudre préalablement tamisés. Mélanger délicatement à l'aide d'une spatule. La préparation doit être lisse et brillante.

Sur une plaque du four recouverte d'une feuille de papier sulfurisé, former, à l'aide d'une poche à douille lisse, de petites demi-boules de 1 cm de diamètre. Saupoudrer de graines de sésame.

Cuire dans un four à 100 °C (th. 3) pendant 1 heure.
Sortir les grelots du four et les laisser refroidir.

Dans une casserole, faire bouillir le lait.
Ajouter le chocolat haché. Mélanger.

Dans un saladier, battre les jaunes d'œufs et le sucre.
Verser le lait chocolaté sur le mélange jaunes-sucre.
Reverser dans la casserole. À l'aide d'une spatule, cuire à feu doux jusqu'à ce que la crème épaississe.
Verser la crème anglaise au chocolat dans un saladier.
Ajouter les bananes épluchées et coupées.
Mixer la préparation 2 à 3 minutes. Couvrir d'un film alimentaire. Mettre au réfrigérateur pendant 1 heure.

Finition : dans de jolies coupes, remplir aux deux tiers de velouté chocolat puis garnir copieusement de grelots au sésame. Saupoudrer de cacao en poudre.
Décorer de rondelles de bananes séchées.

Préparation : 1 h 30 min / Cuisson : 1h

PÂTE À CHOUX

- 13 cl de lait • 1 cuil. à café de sucre en poudre • 110 g de beurre • 140 g de farine • 5 œufs • Sucre glace • Deux pincées de sel.

CRÈME MOUSSELINE CAFÉ/CHOCOLAT

- 50 cl de lait • 2 cuil. à soupe de café soluble • 4 jaunes d'œufs • 100 g de sucre en poudre • 4 cuil. à soupe de fécule (pomme de terre ou maïs) • 100 g de beurre • 110 g de chocolat noir à 64 % de cacao.

GLAÇAGE DES SALAMMBÔS

- 300 g de sucre en poudre.

- Cacao en poudre.

de grumeaux. Remettre sur le feu et remuer jusqu'à ce que la pâte se détache des parois de la casserole. Transvaser dans un saladier puis ajouter les œufs un à un tout en remuant avec une spatule. On obtient une pâte souple et homogène.
À l'aide d'une poche à douille lisse, dresser des formes oblongues d'environ 8 cm de longueur. Veiller à les espacer régulièrement pour qu'elles ne se touchent pas lors de la cuisson. Saupoudrer légèrement de sucre glace. Cuire dans un four à 180 °C (th. 6) pendant 40 minutes. Sortir du four et laisser refroidir.

Dans une casserole, faire bouillir le lait et le café soluble. Verser sur le mélange jaunes, sucre, fécule préalablement battus. Reverser le tout dans la casserole puis cuire à feu doux jusqu'à ébullition. Poursuivre la cuisson 1 minute après ébullition. Hors du feu, incorporer le beurre et le chocolat préalablement haché. Mélanger. La crème doit être parfaitement lisse et brillante. La verser dans un saladier, couvrir d'un film alimentaire, laisser refroidir au réfrigérateur.

Dans une casserole, faire bouillir 8 cl d'eau et le sucre en poudre. Poursuivre la cuisson jusqu'à l'obtention d'un caramel. Tremper la partie supérieure de chaque salammbô. Égoutter. Laisser refroidir.

Garnissage des salammbôs : fouetter vivement la crème mousseline café/chocolat pour la rendre lisse. À l'aide d'un couteau-scie, couper les salammbôs en deux. À l'aide d'une poche à douille cannelée, garnir le fond des salammbôs de crème mousseline café/chocolat. Saupoudrer partiellement chaque couvercle caramélisé de cacao en poudre.

BEIGNETS SURPRISE,
PAGE 152

SOUPE DE FRUITS ROUGES
AU CHOCOLAT, PAGE 153

TARTE FRANGIPANE AUX POIRES ET AU CHOCOLAT

POUR 8 PERSONNES

Très facile

Préparation : 25 min

Cuisson : 30 min

INGRÉDIENTS

- 250 g de pâte sablée (p. 126).
- 10 demi-poires au sirop
- Nappage abricot
- Amandes effilées grillées.

CRÈME D'AMANDES CHOCOLAT

- 70 g de poudre d'amande
- 70 g de sucre en poudre
- 1 cuil. à soupe de cacao en poudre
- 70 g de beurre
- 1 œuf
- 1 cuil. à café de rhum.

Préparer un fond de tarte en pâte sablée. Ne pas cuire. Réserver.

Égoutter les demi-poires au sirop. Réserver.

Dans un saladier, mettre la poudre d'amande, le sucre, le cacao en poudre et le beurre préalablement ramolli (texture pommade). Battre vigoureusement à l'aide d'une spatule : l'ensemble doit être crémeux. Ajouter l'œuf. Mélanger à nouveau puis ajouter le rhum. Verser la crème d'amandes chocolat sur le fond de la tarte. À l'aide d'une cuillère à soupe, répartir celle-ci uniformément.

Émincer les demi-poires en fines lamelles et les aplatir. Disposer les demi-poires en étoile en les enfonçant légèrement dans la crème d'amandes chocolat.

Cuire dans un four à 190 °C (th. 6-7) pendant 30 minutes. Sortir du four. Laisser refroidir. Démouler. À l'aide d'un pinceau, napper le dessus de la tarte d'un nappage abricot. Décorer la tarte avec quelques amandes effilées grillées.

ON PEUT ACCOMPAGNER LA TARTE D'UNE SAUCE CHOCOLAT.

NID D'ABEILLE AU CHOCOLAT À LA FLEUR D'ORANGER

POUR 8 PERSONNES

Très facile / Préparation : 40 min

Repos : 1 h / Cuisson : 35 min

- 270 g de pâte à brioche.

APPAREIL À NID D'ABEILLE

- 1 cuil. à café de beurre
- 2 cuil. à soupe de sucre en poudre
- 2 cuil. à soupe de miel
- 40 g d'amandes effilées
- 1 cuil. à café d'eau de fleur d'oranger.

CRÈME CHOCOLAT

- 2 jaunes d'œufs • 3 cuil. à soupe de sucre en poudre • 1 cuil. à soupe de fécule (pomme de terre ou maïs) • 25 cl de lait
- 60 g de chocolat noir à 64 % de cacao
- 12 cl de crème fraîche liquide.

À l'aide d'un rouleau à pâtisserie, étendre la pâte à brioche (le plus rond possible) à 1 cm d'épaisseur et 22 cm de diamètre. Déposer sur une plaque de four recouverte d'un papier sulfurisé. Laisser reposer la brioche à température ambiante (environ 45 minutes à 1 heure). Celle-ci doit doubler de volume.

Appareil à nid d'abeille : dans une casserole, amener le mélange beurre, sucre, miel à ébullition. Incorporer les amandes effilées et l'eau de fleur d'oranger, mélanger. Répartir l'appareil délicatement sur la surface de la pâte à brioche à l'aide d'une cuillère. Celle-ci doit avoir suffisamment levé. Cuire dans un four à 190 °C (th. 6-7) pendant 25 minutes. Sortir du four et laisser refroidir (l'appareil à nid d'abeille doit être bien doré).

Crème chocolat : dans un saladier, battre les jaunes d'œufs, le sucre et la fécule.

Dans une casserole, amener à ébullition le lait puis le verser dans le saladier. Mélanger.

Reverser l'ensemble dans la casserole. À l'aide d'un fouet, cuire à petit feu la crème, qui s'épaissit. Amener à ébullition. Continuer de la cuire encore 1 minute. Hors du feu, incorporer le chocolat préalablement haché. Mélanger. La crème doit être lisse. La recouvrir d'un film plastique. Laisser refroidir au réfrigérateur.

Monter la crème fraîche liquide froide (texture chantilly).

Lorsque la crème chocolat est froide, la fouetter vigoureusement et incorporer la crème fouettée. Mélanger délicatement. Couper la brioche en deux dans le sens de la hauteur puis garnir le fond de crème chocolat à l'aide d'une poche à douille lisse. Recouvrir avec le couvercle représentant le dessus du nid d'abeille.

CE DESSERT PEUT SE DÉGUSTER AVEC UN VIN BLANC D'ALSACE (GEWURZTRAMINER).

PROFITEROCULOOS

POUR 10 PERSONNES

Facile / Préparation : 1 h 15 min

Repos : 1 h / Cuisson : 45 min

PÂTE À SPÉCULOOS

• 80 g de beurre • 80 g de farine
• 80 g de sucre en poudre
• 80 g de cassonade.

PÂTE À CHOUX

• 13 cl de lait • 1 cuil. à café de sucre en poudre • 110 g de beurre • 140 g de farine
• 5 œufs • 1 cuil. à café de sel.

GLACE AU MIEL

• 5 jaunes d'œufs • 1 cuil. à soupe de sucre en poudre • 50 cl de lait
• 12 cl de crème fraîche liquide
• 170 g de miel de lavande.

SAUCE CHOCOLAT

• 25 cl de lait • 25 cl de crème fraîche liquide • 1 cuil. à soupe de miel
• 140 g de chocolat noir à 70 % de cacao.

Dans un saladier, malaxer le beurre à la main, ajouter la farine, le sucre et la cassonade. Mélanger afin d'obtenir une pâte lisse et homogène. Envelopper celle-ci dans un film alimentaire. Mettre au réfrigérateur 1 heure au minimum.

Étendre la pâte à 2 mm d'épaisseur. Détailler des disques de 3 cm de diamètre. Les couvrir d'un film alimentaire. Réserver.

Dans une casserole, porter à ébullition le lait, le sucre, 12 cl d'eau, le sel et le beurre. Retirer la casserole du feu, incorporer la farine tamisée, mélanger vigoureusement avec une spatule pour empêcher la formation de grumeaux. Remettre sur le feu et remuer jusqu'à ce que la pâte se détache des parois de la casserole. Transvaser dans un saladier puis ajouter les œufs un à un tout en remuant avec une spatule.
On obtient une pâte souple et homogène.

À l'aide d'une poche à douille lisse, former des demi-boules de 3 cm de diamètre. Veiller à les espacer régulièrement pour qu'elles ne se touchent pas lors de la cuisson. Poser les disques de pâte à spéculoos sur les demi-boules en pâte à choux. Cuire dans un four à 180 °C (th. 6) pendant 30 minutes. Sortir du four et laisser refroidir.

Battre les jaunes d'œufs avec le sucre. Faire bouillir le lait, la crème fraîche et le miel. Verser sur les jaunes, mélanger. Reverser dans la casserole.

À l'aide d'une spatule, cuire à feu doux jusqu'à ce que la crème épaississe. Celle-ci doit recouvrir la spatule. Verser la crème au miel dans un saladier en veillant à la filtrer au travers d'une fine passoire. Couvrir d'un film alimentaire. Laisser refroidir au réfrigérateur.

Lorsqu'elle est bien froide, la faire durcir dans une sorbetière.

Dans une casserole, faire bouillir le lait, la crème fraîche et le miel. Verser sur le chocolat préalablement haché, mélanger afin d'obtenir une sauce lisse et brillante.

Finition : à l'aide d'un couteau-scie, couper les petits choux en deux. Les garnir d'une boule de glace au miel de lavande. Poser les couvercles en speculoos et mettre au congélateur. Dans de jolies assiettes, placer 5 choux et napper de sauce chocolat chaude.

IL EST CONSEILLÉ DE SERVIR LA SAUCE CHOCOLAT CHAUDE POUR APPRÉCIER LE CONTRASTE AVEC LE FROID DE LA GLACE.

CHOCO-SAVARINS

POUR 10 PERSONNES

Difficile / Préparation : 45 min

Repos : 3 h 30 min / Cuisson : 30 min

CRÈME CHOCOLAT AU LAIT

- 25 cl de crème fraîche liquide
- 100 g de chocolat au lait.

PÂTE À SAVARIN

- 125 g de farine
- 1/2 cuil. à soupe de sucre en poudre
- 5 g de levure de boulanger
- 1 œuf
- 75 g de beurre
- 1/2 cuil. à café de sel.

LE SIROP

- 200 g de sucre en poudre
- 4 cuil. à soupe de rhum.

DÉCOR

- Copeaux de chocolat noir.

Dans une casserole, faire bouillir la crème puis verser sur le chocolat au lait préalablement haché. Couvrir d'un film alimentaire et mettre au réfrigérateur 3 heures au minimum.

Dans un saladier, mettre la farine, le sel, le sucre, la levure de boulanger émiettée (celle-ci ne doit pas être en contact direct avec le sel et le sucre) et l'œuf. Mélanger à la main tout en incorporant 8 cl d'eau progressivement.
La pâte doit être très souple, lisse et homogène. Couvrir d'un film alimentaire. Laisser reposer 30 minutes à température ambiante.

Incorporer le beurre fondu tiède. Mélanger à l'aide d'une spatule. Garnir à moitié de petits moules à savarin préalablement beurrés. Laisser gonfler jusqu'à ras bord. Poser les moules sur une plaque de cuisson. Cuire à 190 °C (th. 6-7) pendant 20 à 25 minutes. Sortir du four, démouler et laisser refroidir.

Dans une casserole, faire bouillir 50 cl d'eau et le sucre.
Trempage des savarins : tremper les savarins froids dans le sirop bouillant tout en les retournant avec une écumoire. Vérifier que les savarins sont bien imbibés de sirop, puis les égoutter sur une gille du four. Arroser modérément de rhum. Les déposer dans de jolies coupes transparentes. Reverser un peu de sirop dans le fond de celles-ci. Réserver au réfrigérateur.

Finition des savarins : fouetter la crème chocolat au lait jusqu'à l'obtention d'une crème Chantilly souple.
Sortir les coupes du réfrigérateur et, à l'aide d'une poche à douille cannelée, former de belles rosaces de chantilly chocolat au lait au centre des savarins. Décorer de copeaux de chocolat noir.

BÛCHE CHOCOLAT CHIC

POUR 8 PERSONNES

Facile / Préparation : 1 h

Repos : 2 h / Cuisson : 15 min

BISCUIT CHOCOLAT

- 2 œufs
- 50 g de sucre en poudre
- 1 cuil. à soupe de beurre
- 1/2 cuil. à soupe de farine
- 1 cuil. à soupe de fécule (pomme de terre ou maïs)
- 1 cuil. à soupe de cacao en poudre.

LE SIROP

- 60 g de sucre en poudre
- 1 cuil. à café de rhum.

LA CRÈME CHOCOLAT

- 120 g de chocolat noir à 64 % de cacao
- 45 g de sucre en poudre
- 1 œuf + 2 jaunes
- 17 cl de crème fraîche liquide.

DÉCOR

- Cacao en poudre
- Copeaux de chocolat noir.

Séparer les jaunes d'œufs des blancs. Dans un saladier, battre les jaunes avec 25 g de sucre en poudre. Ajouter le beurre fondu et tiède. Réserver.

Dans un second saladier, monter les blancs d'œufs en neige en ajoutant progressivement le restant de sucre. Incorporer le mélange précédent puis la farine, la fécule et le cacao en poudre préalablement tamisés. Mélanger délicatement. Sur une plaque de four recouverte de papier sulfurisé, étaler la pâte à biscuit sur 30 cm x 25 cm. Cuire dans un four à 180 °C (th. 6) pendant 10 minutes. Sortir du four, laisser refroidir. Réserver.

Dans une casserole, faire bouillir 10 cl d'eau et le sucre.
Laisser refroidir. Ajouter le rhum.

Faire fondre le chocolat au bain-marie. Réserver.

Dans une casserole, faire bouillir 2 cuillerées à soupe d'eau et le sucre.
Verser ce sirop sur les jaunes et l'œuf entier préalablement battus.
À l'aide d'un batteur électrique, fouetter ce mélange jusqu'à ce qu'il devienne mousseux. Incorporer le chocolat fondu et tiède. Mélanger.

Ajouter la crème fraîche préalablement montée en chantilly.
Mélanger à nouveau délicatement à l'aide d'une maryse.

Finition de la bûche : décoller le biscuit du papier sulfurisé.
Couper plusieurs bandes de biscuit : une bande de 7 cm sur 30 cm, une de 5 cm sur 30 cm et une autre de 3 cm sur 30 cm.

À l'aide d'un pinceau, imbiber celles-ci de sirop. À l'aide d'une poche à douille lisse, mettre des boudins de crème chocolat sur la bande de biscuit de 7 cm sur 30. Puis recouvrir avec le biscuit de 5 cm sur 30, remettre de la crème chocolat puis recouvrir de la bande de biscuit de 3 cm sur 30. Finir par une dernière couche de crème chocolat.
Mettre au réfrigérateur 2 heures.

Pour le décor, saupoudrer la bûche d'un côté avec du cacao en poudre et de l'autre avec des copeaux de chocolat noir.

NOUGAT AU CHOCOLAT ET À LA PISTACHE

POUR 10 PERSONNES

Difficile

Préparation : 45 min

Cuisson : 20 min

INGRÉDIENTS

- 250 g d'amandes brutes
- 200 g de pistaches entières émondées
- 450 g de miel
- 3 blancs d'œufs
- 200 g de sucre en poudre
- 40 g de glucose
- 300 g de chocolat à 70 % de cacao.

Faire griller les amandes au four à 180 °C (th. 6) pendant 10 minutes (celles-ci doivent être grillées à cœur). Ajouter les pistaches et maintenir l'ensemble au chaud, four éteint.

Dans une casserole, cuire le miel. Monter les blancs en neige à l'aide d'un batteur électrique. Lorsque le miel atteint 125 °C, le verser sur les blancs puis continuer à fouetter.

En même temps, cuire 10 cl d'eau, le sucre et le glucose à 155 °C puis verser à nouveau sur les blancs montés. Continuer à fouetter jusqu'à ce que la meringue soit tiède. Ajouter le chocolat fondu et tiède. Mélanger les fruits secs grillés et chauds à l'aide d'une spatule. Verser le nougat dans un moule de son choix. Laisser refroidir puis couper à la taille et à la forme désirées.

TABLE DES MATIÈRES

INTRODUCTION 5

COURS THÉORIQUE SUR LE CHOCOLAT 6

PETIT POINT SUR LES GRANDS CRUS 7

ME FAUT MA DOSE ! 9

J'ARRÊTE LA PÂTE À TARTINER, MON JOURNAL DE BORD 11
LA PSYCHOPATHE DU BROWNIE 12
QUE LA VÉRITÉ SUR LE CHOCOLAT ÉCLATE AU GRAND JOUR ! 13

- CARAMELS AU CHOCOLAT AU BEURRE SALÉ 14
- BOL CHAUD AU CHOCOLAT ET À LA CANNELLE 15
- CHURROS AU CHOCOLAT ET À LA CANNELLE 16
- COOKIES AUX PÉPITES DE CHOCOLAT ET AU NOUGAT 18
- GUIMAUVE AU CHOCOLAT 20
- SAUCISSON AU CHOCOLAT ET AUX NOIX CARAMÉLISÉES 24
- FONDUE AU CHOCOLAT ET AUX FRUITS FRAIS 25
- BROWNIES AU CHOCOLAT AUX TROIS PÉPITES 26
- BROWNIES AU CHOCOLAT ET AU PRALIN 27
- GAUFRES AU CHOCOLAT, CHANTILLY LACTÉE 28
- ÉCLAIRS AU CHOCOLAT AUX ÉCLATS DE NOUGATINE, FONDANT CARAMEL 30
- TARTE AU CHOCOLAT ET À LA CONFITURE DE LAIT 32
- REINE DE SABA 34
- CONFITURE DE CHOCOLAT MAISON 35
- TARTINES AU CHOCOLAT ET À L'ANANAS 36
- MOUSSES CAPPUCCINO AU CHOCOLAT 38
- MUFFINS CHOCO-GROSEILLES 40
- OMELETTE AU CHOCOLAT ET À LA MENTHE CISELÉE 41
- MINIFONDANTS AU CHOCOLAT ET AUX GRIOTTINES 42
- MAZERNI AU CHOCOLAT 43
- ROMIAS 46
- PUDDING AU CHOCOLAT ET AU RAISIN 47
- CRAQUINETTES AU CHOCOLAT 48
- TRUFFES AU GINGEMBRE 50
- FLANS AU CHOCOLAT ET À LA NOIX DE COCO 51
- SMOOTHIES AU CACAO ET AUX AGRUMES 52
- ESPUMAS AU CARAMBAR ET AU CACAO AMER 53

J'ÉPATE LA BELLE-FAMILLE 55

LE TEMPÉRAGE DU CHOCOLAT POUR DES DÉCORS ET DES MOULAGES RÉUSSIS 57
PETITE SCÈNE DE LA VIE COURANTE 58
LE GRUÉ DE CACAO : UNE TOUCHE DE SOPHISTICATION 59
LE COUP DU COQUETIER 59
SECRETS DE GLAÇAGE 60

- ROULEAUX DE PRINTEMPS AU CHOCOLAT, PERLES DU JAPON 62
- DÔMES CHOCO-COCO 64
- DARIOLES AU CHOCOLAT 65
- TARTE TATIN À LA POIRE ET AU CHOCOLAT 66
- ÎLES FLOTTANTES AU CHOCOLAT ET AUX CRANBERRIES 68
- TARTE CAFÉARONS 70
- CHARLOTTINES AU CHOCOLAT ET À LA BERGAMOTE 72

- ÉTUVÉE DE POMMES CANNELLE, SAUCE CHOCOLAT 74
- CRÈMES BRÛLÉES AU CHOCOLAT AU THÉ EARL GREY 78
- CRÈMES BRÛLÉES AU CHOCOLAT, BEURRE DE CACAHUÈTES 79
- CRÈMES BRÛLÉES PISTACHE CHOCOLAT AU GRUÉ DE CACAO 80
- POIRES EN ROBE DU SOIR 82
- ESPUMAS AU CHOCOLAT AMER ET À LA MENTHE 84
- DENTELLES ORANGE-GRUÉ DE CACAO 85
- MACARONS BIJOUX AUX PÉPITES DE CARAMEL 86
- COQUETIERS AU CHOCOLAT, MOUILLETTES CRAQUANTES DE PAIN D'ÉPICE 88
- KOUGELHOPF, CRÈME ANGLAISE AU CHOCOLAT AU RHUM 90
- COMPOTE D'AUTOMNE, SAUCE CHOCOLAT, PIGNONS DE PIN CARAMÉLISÉS 92
- SAINT-ÉMILION AU CHOCOLAT 96
- NIDS DE POMMES, CŒUR CHOCOLAT 97
- CARPACCIO DE FRUITS EXOTIQUES 98
- TRÉSOR DES ÎLES AUX ÉCLATS DE NOUGATINE 100
- GRATINS DE POIRE, SABAYON AU CHOCOLAT 102
- DIPLOMATE 104
- VERRINES CRÈME BAILEYS AU CHOCOLAT 108
- VERRINES MERINGUÉES À LA MENTHE ET AU CHOCOLAT 109
- FLORESTINE CHOCOLAT 110
- CROUSTIFONDANTS AUX POMMES ET AUX NOIX 112

CLASSÉ ULTRACONFIDENTIEL 115

QUAND ON N'A PAS ENVIE DE PASSER LA JOURNÉE EN CUISINE... 116
MES PETITS PLUS QUI FONT LA DIFFÉRENCE 117
LA SOIRÉE QUI FINIT CHOCOLAT 117
I HAD A DREAM 118
MON ANTIDOTE DES CHAGRINS D'AMOUR 119
LE TRAVAIL DU CHOCOLAT 120
TABLEAU D'ÉQUIVALENCE 120

- MILLEFEUILLES DE CHOCOLAT AUX NOISETTES DU PIÉMONT 122
- DIAM'S AU CHOCOLAT 124
- PRUNEAUX SURPRISE 125
- TARTE AU CHOCOLAT, NOISETTES CARAMÉLISÉES À LA FLEUR DE SEL 126
- CRUMBLE AUX POMMES ET AU CHOCOLAT 128
- CAKE CHOCO-MANGO 130
- FONDANT AU CHOCOLAT AU QUATRE-ÉPICES 131
- PANNACOTTA AU CHOCOLAT BLANC, COMPOTÉE DE FRAMBOISES 132
- TIRAMISU AU CHOCOLAT 134
- CRÈME RENVERSÉE AU CHOCOLAT, CARAMEL PASSION 138
- GALETTE AU CHOCOLAT 139
- SORBET CACAO AUX NOIX DE PÉCAN 140
- MADELEINES AU CHOCOLAT ET AU MIEL 141
- TARTE HALLOWEEN 142
- CRÉPINETTES À LA CONFITURE DE MELON 144
- VELOUTÉ AU CHOCOLAT ET GRELOTS AU SÉSAME 146
- SALAMMBÔS EXPRESSO 148
- BEIGNETS SURPRISE 152
- SOUPE DE FRUITS ROUGES AU CHOCOLAT 153
- TARTE FRANGIPANE AUX POIRES ET AU CHOCOLAT 154
- NID D'ABEILLE AU CHOCOLAT À LA FLEUR D'ORANGER 156
- PROFITEROCULOOS 158
- CHOCO-SAVARINS 160
- BÛCHE CHOCOLAT CHIC 162
- NOUGAT AU CHOCOLAT ET À LA PISTACHE 164

DÉPÔT LÉGAL : 4^E^ TRIM. 2008 N° 3 465